Trabalho, Tecnologia e Desemprego

CB126103

Trabalho, Tecnologia e Desemprego

2022 • 2ª Edição

Eduardo Tuma

ALMEDINA

TRABALHO, TECNOLOGIA E DESEMPREGO
© Almedina, 2022
AUTOR: Eduardo Tuma

DIRETOR ALMEDINA BRASIL: Rodrigo Mentz
EDITORA JURÍDICA: Manuella Santos de Castro
EDITOR DE DESENVOLVIMENTO: Aurélio Cesar Nogueira
ASSISTENTES EDITORIAIS: Larissa Nogueira e Rafael Fulanetti
ESTAGIÁRIA DE PRODUÇÃO: Laura Roberti

DIAGRAMAÇÃO: Almedina
DESIGN DE CAPA: FBA

ISBN: 9786556277011
Dezembro, 2022

Dados Internacionais de Catalogação na Publicação (CIP)
(Câmara Brasileira do Livro, SP, Brasil)

Tuma, Eduardo
Trabalho, tecnologia e desemprego / Eduardo Tuma.
-- 2. ed. -- São Paulo, SP : Almedina, 2022.

Bibliografia.
ISBN 978-65-5627-701-1

1. Desemprego e tecnologia 2. Inovações tecnológicas - Aspectos sociais
3. Mercado de trabalho - Efeito das inovações tecnológicas
4. Precarização do trabalho 5. Sindicalismo – Brasil
6. Teletrabalho I. Título.

22-125923 CDU-34:33

Índices para catálogo sistemático:

1. Relações de trabalho : Direito do trabalho 34:331

Eliete Marques da Silva - Bibliotecária - CRB-8/9380

Este livro segue as regras do novo Acordo Ortográfico da Língua Portuguesa (1990).

Todos os direitos reservados. Nenhuma parte deste livro, protegido por copyright, pode ser reproduzida, armazenada ou transmitida de alguma forma ou por algum meio, seja eletrônico ou mecânico, inclusive fotocópia, gravação ou qualquer sistema de armazenagem de informações, sem a permissão expressa e por escrito da editora.

EDITORA: Almedina Brasil
Rua José Maria Lisboa, 860, Conj.131 e 132, Jardim Paulista | 01423-001 São Paulo | Brasil
www.almedina.com.br

PREFÁCIO À SEGUNDA EDIÇÃO

Muito me honra o convite para prefaciar a segunda edição da obra *Trabalho, tecnologia e desemprego,* agora sob novo título, em consonância com os acréscimos promovidos pelo autor, e atendendo às premissas de mercado desta renomada Casa Editorial, a Almedina Brasil.

Similar à chegada ao mundo do próprio "filho", um livro exige de seu autor a devida atenção e desvelo para que possa percorrer a senda da boa-venturança e do reconhecimento. Dada a merecida acolhida da primeira edição e a necessidade de adequar seu conteúdo ao contexto da atual ordem econômica, sob os reflexos das inovações tecnológicas no mundo do trabalho, a exemplo da diligência de seu idealizador à época da primeira edição, a obra ganha aprimoramentos de redação e a inclusão de novas temáticas, indicadas a seguir.

Manteve-se a sistematização da obra, com apoio teórico da revisão da literatura, passando por estudos embasados nas reflexões de René Armand Dreifuss, Celso Fernandes Campilongo, Zygmunt Bauman, Manuel Castells, dentre muitos outros. Enfatizem-se, no entanto, as considerações sobre os sistemas jurídicos da *common law* e o do *civil law*, como a observação astuta de que os dois sistemas estão se aproximando no Brasil, apesar das notórias diferenças, visto que a globalização, por vincular-se às mudanças no âmbito legislativo, no sentido de promover maior integração econômica, fez com que em países do *common law* houvesse maior positivação do direito, ao passo que nos países que adotam o *civil law* venha ocorrendo crescente valorização dos precedentes.

Outro aspecto a se destacar, que mereceu análise adicional do autor no âmbito das relações de trabalho, refere-se às consequências negativas observadas em 2022, na Espanha, decorrentes da aprovação de norma em 2012 que visava aumentar o número de pessoas contratadas mediante redução da burocracia trabalhista e diminuição dos custos das contratações.

Mencionem-se, também, as novas incursões acerca do direito chinês, sob o prisma histórico e evolutivo das tradições e da codificação daquele país, que, em parte, acabou sendo influenciado pelo sistema jurídico das democracias liberais do Ocidente. De certo, o leitor se surpreenderá com os avanços da legislação trabalhista chinesa, principalmente a partir de 2007.

Cumpre sublinhar, por sua vez, os novos comentários sobre terceirização em atividades-fim das empresas, empregabilidade e as modalidades de trabalho não presenciais em face das medidas preventivas de isolamento social contra o contágio pelo Coronavírus, bem como as discussões jurídicas laborais envolvendo o fenômeno da uberização.

Não menos importante, na parte final da obra, ressalte-se o interessante estudo sobre um período econômico singular da economia brasileira, em específico 2010, quando de forma surpreendente houve aumento do fluxo de trabalhadores estrangeiros para o País, ocasião em que se poderia ter alavancado o rumo de diferentes setores produtivos pátrios.

Conforme já o expressamos, agradecemos a distinção em poder escrever algumas linhas sobre esta obra. Não por acaso, a exemplo dos contornos da primeira edição, o autor, aclamado pela sua trajetória profissional e acadêmica, mantém-se seguro e confiante na condução deste "filho", agora mais "maduro". E acreditamos que a recepção dos leitores continuará sendo a melhor possível. Parabenizamos o Conselheiro e Professor, Eduardo Tuma, pela obra que nos presenteia.

Profa. Dra. Ana Carla Bliacheriene
Professora de Direito da EACH-USP
Diretora-Presidente da Escola de Contas do TCMSP

PREFÁCIO À PRIMEIRA EDIÇÃO

Eduardo Tuma é um homem público, Professor Universitário, Advogado e Parlamentar. Tem uma profissão de Estado. Porém, antes de tudo, pertence ao Reino de Deus e sob a proteção dEle, exatamente conforme o preâmbulo da Constituição Federal, exerce sua função, trabalhando diuturnamente no cumprimento de seu sagrado juramento de orientar os jovens, servir e proteger o povo Paulistano e zelar pela cidade de São Paulo.

Ser Cristão define o que ele é. Até porque, mais do que uma doutrina profissional e política, ele segue a ética antropológica do Cristo, que trouxe a igualdade entre todos os homens e, sob a perspectiva laica, é o precursor dos direitos humanos e a inspiração do Capitalismo Humanista.

Cristo, independentemente de sua divindade, dizia que mais do que iguais, somos irmãos; e, é exatamente nisto que ele acredita.

Acredita que é seu irmão e sua irmã cada Paulistano e Paulistana, assim como, independente da sua cidade, você que agora me lê.

Teve acesso à melhor educação escolar que o mundo dos homens pode oferecer; é poliglota, graduado em Direito pela FMU, Faculdade que voltou para lecionar Direito Constitucional, a fim de devolver o bem que aquela escola lhe fez.

É Mestre e Doutor em Direito pela Pontifícia Universidade Católica de São Paulo – PUC/SP e está concluindo seu Pós-Doutorado em Direito na Universidade Sorbonne, Paris I.

Todavia, para ele, tudo isso de nada vale se não for para devolver ao próximo as benções que recebeu de nascença e, como ele sempre diz, ter o dever de honrar o legado político-institucional de sua família.

Estes valores são o fio condutor que levou dezenas de milhares de Paulistanos a lhe eleger Vereador da Cidade de São Paulo, cuja eleição é conhecida como, proporcionalmente, a mais acirrada do País.

A propósito, é destacado membro da Comissão de Direitos Humanos do Instituto dos Advogados de São Paulo, da qual sou Presidente.

Como legislador municipal, sua atividade parlamentar compreende mais de duas centenas de projetos de lei, com destaque ao Código de Defesa do Contribuinte Paulistano, ao IPTU Verde, ao Código de Defesa do Consumidor Municipal; e, ainda, é o criador da Frente Parlamentar de Defesa contra os maus tratos aos animais.

Com efeito, é este excepcional, diferenciado, sério, comprometido e honestíssimo homem público e pensador, que dedica sua vida em prol do próximo, o autor da presente obra DIREITO EM FLUXO.

Fruto de sua TESE DE DOUTORADO EM FILOSOFIA DO DIREITO, sagrada por uma Banca de cinco eminentes Professores Doutores, duríssima, que, após horas de sabatina, lhe outorgou OFICIALMENTE a NOTA 10.

É isso que tanto ele, como a presente obra, são: OFICIALMENTE NOTA 10, ou seja, aquela da qual nível maior não há. Academicamente perfeita. Porém, o mais incrível, a presente obra é uma proposta jurídica em prol do ser humano na economia, especificamente o trabalhador.

É que se trata, verdadeiramente, de um manifesto jurídico-político-filosófico das bases globais da valorização do trabalho humano na ordem econômica, corajoso e de enfrentamento às elites orgânicas e às Redes internacionais de Poder, revelando além do jurista, o Líder político que ele é.

Tem particular preocupação e faz uma inédita reflexão sobre o impacto da tecnologia nas relações de emprego e o desemprego na sociedade globalizada. Busca o socorro a estas pessoas.

Encerra apresentando os resultados de sua investigação sobre a questão do trabalho, desemprego e democracia; e, seus respectivos parâmetros para o século XXI, sentenciando, na sua condição de liderança pública, o caminho a ser tomado.

Parabéns Tuma: é uma grande honra ser o autor do prefácio; e, esta sua obra, eu recomendo.

São Paulo, 2016

Ricardo Sayeg
Professor Livre Docente de Direito Econômico da PUC-SP
Presidente da Comissão de Direitos Humanos do IASP
Imortal, Titular da Cadeira 32, da Academia Paulista de Direito

SUMÁRIO

1. MARCO TEÓRICO

René Armand Dreifuss[1], importante historiador, cientista político e social destacado no Brasil, nascido no Uruguai, finalizou sua última obra pouco antes de falecer, em 2003. O livro **Transformações: matrizes do século XXI** aborda questões contemporâneas sobre o progresso da ciência e da dependência tecnológica vividas pela sociedade a partir do processo de globalização.

[1] René Armand Dreifuss, naturalizado brasileiro, nasceu em Montevidéu – Uruguai, no dia 2 de janeiro de 1945. Faleceu na cidade do Rio de Janeiro – Brasil, em 4 de maio de 2003, após lutar durante quase três anos contra um tumor no cérebro, tendo exercido suas atividades como professor e pesquisador até pouco antes de sua morte, inclusive ministrando aulas, em sua residência, para os alunos de Relações Internacionais da Pós-Graduação em Ciência Política da Universidade Federal Fluminense – UFF. Formado em História e Ciência Política pela Universidade de Haifa, Israel, obteve, na Grã-Bretanha, em 1974, o título de mestre na Universidade de Leeds, e o de doutor na Universidade de Glasgow, Escócia, em 1980, ambos os títulos em Ciência Política. Atuou como professor de Ciência Política na Universidade Federal de Minas Gerais – UFMG (1980/1984) e na UFF (1986/2003), foi membro-fundador do Núcleo de Estudos Estratégicos da Universidade de Campinas – UNICAMP, pesquisador-visitante do Instituto Alberto Luiz Coimbra de Pós-Graduação e Pesquisa de Engenharia, da Universidade Federal do Rio de Janeiro – COPPE/UFRJ (1984/1986). Poliglota, publicou, em revistas brasileiras e internacionais, dezenas de artigos sobre assuntos políticos nacionais e latino-americanos, Forças Armadas e sociedade e relações internacionais. Entre suas principais obras destacam-se **1964**: A conquista do Estado (1981); **A Internacional Capitalista**: estratégias e táticas do empresariado transnacional 1918-1986 (1986); **O jogo da direita na Nova República** (1989); **Política, poder, Estado e força** – uma leitura de Weber (1993); **A época das perplexidades**. Mundialização, globalização e planetarização: novos desafios (1996); e **Transformações**: matrizes do século XXI (2004).

Com o passar do tempo, as pujantes corporações europeias e americanas potencializaram sua força e tornaram-se as verdadeiras "grandes potências universais", pois, alimentadas pela tecnologia, vivenciaram a promoção das expansões internas, facilitada pelas grandes somas de dinheiro que esses conglomerados dispõem para investimentos.

Assim, o desenvolvimento tecnológico e das capacidades produtivas incitaram uma nova forma de existência social, com preponderância econômica, científica e tecnológica das corporações multinacionais, o que redundou em um empenho dos governos de países localizados fora do eixo Estados Unidos-Europa para promover o crescimento de suas empresas nacionais.

Dentro deste "caldeirão", sob a égide da ordem globalizada, surge a necessidade de elaboração de novos paradigmas perceptivos, o que configura um grande desafio. Na visão de Dreifuss:

> (...) é necessário lembrar que o desafio de lidar com a diversidade neste século é um roteiro pleno de espantosas derrotas, desferidas justamente em torno dos esforços de preservar o diferente, de afirmar o distinto, de reconhecer seu direito à existência na plenitude da sua diferença. Precisamente o século da compreensão da existência da Humanidade, quando afloram idealizações a respeito dos direitos de uma cidadania mundial – não como neutra abstração, mas como concreto de interesses e demandas conflitivas e como conceito que designa um conjunto de vivências impregnado de contrariedades e diferenças que caracterizam a diversidade planetária. É também o século de grandes mudanças[2].

Na obra mencionada e em outros trabalhos, Dreifuss explica o sentido do que chamou de "tecnobergs globais", que representam o complexo sistema tecnológico que inovou os conhecimentos emergentes em circulação desde o final da década de 1990.

O aglomerado formado pelo desenvolvimento das ciências cognitivas, da vida e do espaço, e os demais componentes tecnológicos próprios da sociedade moderna formam o que podemos chamar de sociedade *tecnoberg*.

[2] Dreifuss, René Armand. **Transformações:** matrizes do século XXI. Petrópolis: Editora Vozes, 2004, p. 33.

Hoje está mais claro que o Estado não tem condições de, isoladamente, produzir informação em larga escala, sendo inevitável investigar o conjunto de agentes dinamizadores do processo de industrialização. Isso estimula profundas mudanças na sociedade, daí a necessidade de a Administração Pública adaptar-se às transformações, por meio de nova gama de instrumentos legais adaptados à atual realidade, criada a partir da revolução tecnológica.

Assevere-se que a produção baseada em alta tecnologia e no intenso conhecimento científico teve origem nas corporações estratégicas transnacionais (CETs) e, não restam dúvidas, para suportar o ritmo intenso de mudanças, é necessário, também, adaptar a administração burocrática/legal e a organização comercial.

Há forte busca por uma nova e superior etapa capitalista que, no entendimento do autor uruguaio, será de projeção galáctica emergente e constitutiva.

A análise da problemática que envolve as mutações sociais nos leva à percepção da importância de racionalização do conjunto de fenômenos que se manifestam além das mudanças nas corporações econômicas, mas condicionam a produção e a política em geral, além do ordenamento jurídico, uma vez que se propaga em escala mundial.

Quanto à questão do ordenamento jurídico, o presente texto focará nas relações jurídicas de conteúdo trabalhista que são extremamente relevantes no atual contexto social.

Na medida em que a tecnologia altera radicalmente a vivência humana, torna-se necessário acompanhar as transformações tecnológicas para dar suporte legal aos novos métodos de produção e às novas organizações sociais de produção.

Os *tecnobergs* reformularam as práticas do cotidiano, de modo que Estado, coletividade e, no interior destes, o Direito são submetidos a uma racionalidade empresarial com viés universalizante, haja vista que estes *tecnobergs* alavancam três fenômenos: a mundialização de estilos, usos e costumes (metanacional); a globalização tecnológica, produtiva e comercial (transnacional); e a planetarização da gestão (supranacional).

A tecnologia termina por "tecnointimizar" o Homem com importância numa nova construção do Direito, mormente nas relações trabalhistas.

Nessa perspectiva, a obra de Dreifuss instiga a reflexão sobre como o Estado deve acompanhar o vasto movimento de informações e inovações científicas e tecnológicas que causam mutações na sociedade e exigem, gradativamente, inovações no ordenamento jurídico.

René Armand Dreifuss, sob esse ângulo, propõe conceitos fundamentais à garantia da integridade humana no "novo modo de produção global".

A explosão tecnológica induziu à criação de um novo modo de produção global, de elementos que propiciaram mudança nos gostos e nas preferências de consumo, de forma que a maneira de observar o papel do Estado foi influenciada por mentalidades, hábitos, padrões, estilos, comportamentos e costumes adaptados a um novo contexto e, por consequência, pela intervenção inovadora dos órgãos estatais sobre a sociedade como um todo.

Outra questão relevante a ser analisada decorre da percepção do aspecto mais regional de mercado que se concretiza de formas variadas e por razões bem diversas. Na visão de Dreifuss:

> as compactações culturais de mercados societários que contribuem para desenhar os primórdios dos mercados ampliados transnacionalmente e do comércio em escala global, ambos requerendo de seus governos atitudes condizentes com a fase seguinte de transnacionalização: a regência institucional e estratégica supranacional[3].

Necessário observar a questão do Direito[4] no contexto da nova realidade, uma vez que a participação governamental envolve a resolução de problemas, desenvolvimento de recursos e encaminhamento de ações que esbarram no espaço destinado às indagações jurídicas, ou seja, é preciso analisar, também, a regulamentação das novas tendências do mundo globalizado, especialmente as relações de trabalho, tão relevantes à dignidade humana.

As tendências redesenham a hierarquia do conhecimento, da produção e do poder nas organizações, o que reforça a necessidade de investigação e desenvolvimento das nações.

[3] Dreifuss, René Armand. **Transformações**, cit., p. 124.

[4] O direito a que fazemos referência neste momento é o positivado; como expressão da potestade do Estado, concretizado a partir de suas normas.

Zygmunt Bauman[5], por exemplo, nota a ruptura entre Poder e Estado, observando que há um ator social que ganha relevo a partir das novas tecnologias e do capital: os grandes conglomerados empresariais que ditam regras, também determinam posições e influenciam na tomada das decisões políticas.

As relações econômicas permeiam a sociedade atual de modo que "o grande ideal de união da humanidade depende, em última instância, de serem as relações entre as partes regidas pelo empenho para a melhor satisfação de suas necessidades materiais"[6].

O papel do mercado, contudo, vai além das questões econômicas, possibilitando, inclusive, a troca e a expansão de conhecimentos diversos, assim como o ensaio sobre o artigo de Friedrich August von Hayek, intitulado "O uso do conhecimento na sociedade", suscita:

> (...) pela primeira vez apresentou [Hayek] sua afirmação de que o sistema de preços é fruto do desenvolvimento social resultante da evolução e não da vontade humana deliberada, e que permite detectar e transmitir informações econômicas que estão dispersas e fragmentadas entre milhares e milhares de indivíduos. Assim, surge uma teoria que enxerga no mercado um método de transmissão e uso do conhecimento[7].

[5] Hipotecamos o futuro. Entrevista de Zygmunt Bauman disponível em: [http://g1.globo.com/globo-news/noticia/2012/01/nos-hipotecamos-o-futuro-critica-sociologo-polones.html]. Acesso em 23 jun. 2014. *Vide*, baseado nos argumentos de Bauman, texto de Camargo Dutra, Benedicto Ismael. **Hipotecamos o futuro**. Disponível em: [http://www.administradores.com.br/artigos/economia-e-financas/hipotecamos-o-futuro/72165/]. Acesso em: 23 jun. 2014, no qual o autor menciona: "Não há espaço para uma decisão conjunta entre as nações no sentido de disciplinar o trabalho, a produção e o consumo de forma equitativa, extraindo os recursos da natureza de forma sustentável".

[6] Hayek, Friedrich August von. **Direito, legislação e liberdade**. São Paulo: Visão, 1985, p. 136.

[7] Ensaio em espanhol (autor desconhecido) sobre o artigo The use of knowledge in society, by Friedrich August von Hayek. Reimpressão da **American Economic Review,** XXXV, n. 4. set. 1945, p. 519-530. "En este ensayo, que ha llegado a ser un clásico de nuestro tiempo, Friedrich August von Hayek planteó por primera vez su tesis de que el sistema de precios es un desarrollo social que ha resultado de la evolución y no del diseño deliberado, y que permite detectar y transmitir la información económica que se encuentra dispersa y fragmentada entre miles y miles de individuos. Emerge así una teoría que ve en el mercado un método de transmisión y utilización del conocimiento". Disponível em: https://www.cepchile.cl/cep/site/docs/20160303/20160303183419/rev12_hayek.pdf. Acesso em 07 fev. 2022.

Inevitável, portanto, que a execução de normas uniformes de conduta justa seja aplicável igualmente a todos nesse processo de mutação da sociedade.

Torna-se necessário identificar as "normas de conduta justa" que nortearão as organizações para alcançarem os fins desejados. As normas deverão delimitar a ação dos *tecnobergs*, que se consolidam em redes de "macrocorporações", a fim de regular o processo e fornecer aos indivíduos a segurança necessária para que participem da "catalaxia", ou seja, participar da comunidade[8].

Assim, mais que uma breve noção que permeia o fenômeno da globalização, é importante identificar o conjunto de processos e acontecimentos que rodeiam o desenvolvimento da aplicação tecnológica nas finanças, na produção, no poder legiferante, na criação e na aplicação das normas, tanto na administração quanto na comercialização e no consumo.

A tecnologia, no final do século XX e começo do século XXI, será delineada nas palavras de Giddens:

> Hoje, no final do século XX, muita gente argumenta que estamos no limiar de uma nova era, a qual as ciências sociais devem responder e que está nos levando para além da própria modernidade. Uma estonteante variedade de termos tem sido sugerida para esta transição, alguns dos quais se referem positivamente à emergência de um novo tipo de sistema social (tal como a "sociedade de informação" ou a "sociedade de consumo"), mas cuja maioria sugere que, mais que um estado de coisas precedente, está chegando a um encerramento ("pós-modernidade",

[8] "Uma vez que o nome 'catalática' ('catallactics') foi há muito tempo sugerido para definir a ciência que trata da ordem de mercado e, mais recentemente, ressuscitado, parece apropriado adotar o termo correspondente para a própria ordem de mercado. O termo 'catalática' foi derivado do verbo grego *katallattein* (ou *katallassein*), que significava, vale a pena lembrar, não só 'trocar' mas também 'admitir na comunidade' e 'converter-se de inimigo em amigo'. Dele derivou-se o adjetivo catalático ('*catallactic*'), para substituir 'econômico' na designação da classe de fenômenos de que trata a ciência da catalática. Os gregos antigos nem conheciam este termo, nem possuíam um substantivo correspondente; se tivessem formado um, teria sido provavelmente *katallaxia*. A partir deste, podemos formar o termo catalaxia ('*catallaxy*'), que empregaremos para designar a ordem ocasionada pelo mútuo ajustamento de muitas economias individuais num mercado. Uma catalaxia é, pois, o tipo especial de ordem espontânea produzida pelo mercado, mediante a ação de pessoas dentro das normas jurídicas da propriedade, da responsabilidade civil e do contrato". Cf. HAYEK, Friedrich August von. **Direito, legislação e liberdade**, cit., v. 2, p. 130.

"pós-modernismo", "sociedade pós-industrial", e assim por diante). Alguns dos debates sobre estas questões se concentram principalmente sobre transformações institucionais, particularmente as que sugerem que estamos nos deslocando de um sistema baseado na manufatura de bens materiais para outro relacionado mais centralmente com informação. Mais frequentemente, contudo, estas controvérsias enfocam amplamente questões de filosofia e epistemologia. Os modos de vida produzidos pela modernidade nos desvencilharam de todos os tipos tradicionais de ordem social, de uma maneira que não tem precedentes. Tanto em sua extensionalidade quanto em sua intensionalidade, as transformações envolvidas na modernidade são mais profundas que a maioria dos tipos de mudança característicos dos períodos precedentes[9].

Para Alan Greenspan:

> A crescente capacidade de realizar transações e assumir os riscos políticos ao redor do mundo cria uma verdadeira economia global. A produção tem se tornado cada vez mais internacional. Muito do que é montado em forma vendável final em um país é cada vez mais constituída por componentes de vários continentes[10].

O conhecimento científico, desse modo, deixou de ser um bem puramente cultural para tornar-se insumo importante. Assim como o acesso às informações do mundo globalizado, a análise desse novo mundo, como previsão e avaliação tecnológicas, é de indiscutível importância nas políticas e estratégias empresariais e governamentais em todos os níveis, como David Harvey esclarece:

> As vantagens produtivas relativas rendem excesso de lucros, e se essas vantagens se perpetuam na forma de permanente diferença tecnológica, resulta que as regiões ricas em conteúdo tecnológico sempre têm capa-

[9] GIDDENS, Anthony. **As consequências da modernidade**. Tradução de Raul Fiker. São Paulo: Unesp, 1991, p. 8.

[10] GREENSPAN, Alan. **The age of turbulance.** New York: The Penguin Press, 2007, p. 364. Tradução livre de: "A growing capacity to conduct transactions and take risks throughout the world is creating a truly global economy. Production has become more and more international. Much of what is assembled in final salable form in one country increasingly consists of components from many continents".

cidade de obter maiores lucros numa determinada linha de produção, em comparação com regiões pobres em conteúdo tecnológico[11].

O Estado e os cidadãos terão de se adaptar nesse processo de reorganização dos grupos e das entidades sociais, pois as novas tecnologias alteram hábitos, valores, prioridades e a própria visão que o ser humano tem de si mesmo e do mundo, exigindo, em consequência, novas regras de convivência social.

É verdade que as civilizações tradicionais podem ter sido consideravelmente mais dinâmicas que outros sistemas pré-modernos, mas a rapidez da mudança no mundo atual é extrema. Isto se torna óbvio no que toca à tecnologia, na medida em que:

> (...) as redes de acumulação se expandiram de modo a abranger todo o globo, elas se tornaram cada vez mais autônomas e dominantes em relação às redes de poder. Como resultado, surgiu uma situação em que, para ter êxito na busca do poder, os governos têm que ser líderes não apenas nos processos de gestão do Estado e da guerra, mas também nos de acumulação de capital[12].

A sociedade atual baseia-se no capitalismo e a adoção desse sistema tem repercussões não apenas no sistema econômico como em outras instituições sociais. Conforme propõe Dreifuss:

> A globalização se refere a um sistema produtivo, financeiro e comercial estruturado por concentração (distribuição e apropriação da riqueza geral) baseada em uma multiplicidade de processos interativos (sinergias, coalizões, alianças), com formas inovadoras[13].

Se cada um desses sistemas sociais operasse livremente, sem restrições, grandes disparidades seriam produzidas nas condições de vida dos diferentes grupos e regiões.

[11] Harvey, David. **A produção capitalista do espaço**. São Paulo: Annablume, 2005, p. 57.

[12] Arrighi, Giovanni; Silver, Beverly J. **Caos e governabilidade no moderno sistema mundial**. Rio de Janeiro: Contraponto, 2001, p. 87.

[13] Dreifuss, René Armand. **Transformações**, cit., p. 258.

Ultrapassar os limites de percepção para um sistema marcado pela "pós-escassez", contudo, pode ajudar a vencer esse dilema. Sem condicionar o sistema econômico à privação, os critérios do mercado podem funcionar apenas como dispositivos de sinalização, em vez de serem também os meios de manutenção da carência em larga escala.

Torna-se necessária, portanto, a apropriação reflexiva do conhecimento, que se amplia paulatinamente, incorporando as grandes extensões dos limites de tempo-espaço[14] e, sem dúvida, o Estado não consegue acompanhar esse vasto movimento de informações, tampouco a necessidade de propagá-las.

A globalização, num outro enfoque, é a intensificação das relações sociais em escala mundial e nós estamos acostumados a apreender as

14 "As sociedades pré-modernas sempre vincularam tempo e lugar em uma unidade indissociável e necessária para o momento. 'Ninguém poderia dizer a hora do dia sem referência a outros marcadores sócioespaciais: 'quando' era quase, universalmente, ou conectado a 'onde' ou identificado por ocorrências naturais regulares'. A modernidade trouxe a separação entre tempo e espaço, que iniciou com a invenção do relógio mecânico. Assim, como afirma Giddens, 'o relógio expressava uma dimensão uniforme de tempo 'vazio' quantificado de uma maneira que permitisse a designação precisa de 'zonas' do dia (a 'jornada de trabalho' por exemplo)'. A ideia trazida como tempo vazio é fundamental para estabelecê-lo mediante uma padronização regional globalizada; porém, totalmente vazio, o que possibilita ao indivíduo, em tempos regionais diversos, estar em dois lugares ao mesmo tempo. Isso só é possível porque, como afirma Giddens: "O 'esvaziamento do tempo' é em grande parte a precondição para o 'esvaziamento do espaço' e tem assim prioridade causal sobre ele'.
A sociedade moderna se configurou com base na separação de tempo e espaço, dentro da conotação de esvaziamento do tempo e do espaço, elementos necessários à estruturação industrial de produção em massa e consequente implantação de uma sociedade hiperconsumista, baseada na efemeridade que abandona o passado e o futuro, numa concentração exacerbada no presente, quando a felicidade é momentânea e o consumo é a felicidade.
Nessa seara, desenvolve-se a diversificação de empregos, de tecnologias, de modelos sociais e de consumo. O tempo avançou e se esvaziou, esvaziando o próprio espaço e dele se separando. O capitalismo apropria-se do novo contexto e, sobre a égide do lucro, trabalhou e trabalha no contexto moderno impondo uma nova ótica/ética que converge para a sociedade de hiperconsumo cujos tempo e espaço, agora separados pelas novas tecnologias, possibilitam a aceleração do desenvolvimento tecnológico.
Assim, o tempo também é consumível, moldado pela globalização e gira, aceleradamente, de múltiplas formas, diversificando-se no dispêndio luxuoso da vida e do consumo; é cíclico e ilusório, abstrato e paradoxal e esvaziado na realidade que se transforma a cada momento, dando a possibilidade de ser vivido e não pensado" (Pereira, Agostinho Oli Koppe. Relação de consumo: tempo e espaço. **Revista de Direito do Consumidor**, v. 79, p. 311. São Paulo: Revista dos Tribunais, jul. 2011).

informações com a intervenção de agentes externos, como o Estado e as grandes corporações, de modo que as percepções humanas estão condicionadas a este aspecto, alienando e aprisionando o Homem.

Na esfera do trabalho este aspecto também ocorre. Recebemos percepções externas condicionadas e trabalhadas de acordo com o interesse de alguns, especialmente daqueles agentes cujo poderio é tamanho, imenso, a ponto de financiarem as modificações sociais.

Ademais, o direito como elemento libertador da sociedade (reconhecendo-se este caráter e não apenas o elemento de dominação, que deflui de Marx e passa por Weber) deve sopesar este ponto, protegendo o ser humano nas relações de trabalho.

O ser humano, individualmente considerado, está no centro desse imenso furacão e, de alguma forma, precisa ser protegido da ação dessas grandes instituições. A questão não é simples e carrega alguns elementos de cunho ideológico que serão objeto do próximo ponto desta pesquisa: a questão da hegemonia.

2. HEGEMONIA, ELITE ORGÂNICA E AS REDES DE PODER INTERNACIONAL

2.1. Introdução

Dominação e hegemonia são temas importantes que remexem a análise de Dreifuss sobre o fenômeno da globalização e, portanto, devem ser decantados por serem fundamentais para observar questões como o processo de uniformização do direito no mundo, especialmente no Ocidente, e o caminho pelo qual seguem as relações de trabalho, eixos desta pesquisa.

Diante disso, neste capítulo será enfatizada a questão da hegemonia e da formação de elites orgânicas dentro dos diversos Estados nacionais que colaboram com a manutenção das estruturas sociais como estabelecidas a partir da conquista de poder pela classe dominante.

2.2. Hegemonia: de Gramsci a Dreifuss

Influenciado por Antonio Gramsci[15] e seus escritos acerca da hegemonia[16_17] e dos *intelectuais orgânicos* responsáveis pela propagação da

[15] Antonio Gramsci, italiano, nasceu na Sardenha, em 22 de janeiro em 1891, e faleceu em Roma, no dia 27 de abril de 1937, aos 46 anos. Foi um filósofo marxista, jornalista e crítico literário. Sob a influência do filósofo idealista Benedetto Croce, ingressou no Partido Socialista Italiano (PSI) em 1913. Após assumir a secretaria do partido e organizar o movimento dos "conselhos de operários" em Turim (1919), atuou ativamente para a fundação do Partido Comunista Italiano (1921), pelo qual foi eleito deputado em 1924 e dirigiu o comitê

executivo, órgão mais importante do partido. Foi encarcerado por Mussolini em novembro de 1926 e ficou mais de dez anos na prisão, ocasião em que escreveu **Cadernos do cárcere** (34 cadernos). Posteriormente, rompeu com a administração stalinista da URSS. Opondo-se tanto a Stálin quanto a Trotsky, defendia uma educação geral e humanista que, ao propiciar evolução cultural, possibilitaria que os proletariados chegassem ao poder. Entre suas obras, todas publicadas *post mortem*, destacam-se **Cadernos do cárcere** - cartas do cárcere (1926-1937); **La costruzione del Partito Comunista** (1923-1926); **Cronache torinesi** (1913-1917) - org. Sergio Caprioglio; **2000 pagine di Gramsci** - org. Giansiro Ferrata e Niccolò Gallo; **La formazione dell'uomo** - org. Giovanni Urbani; **Lettere** 1908-1926 - org. Antonio A. Santucci; **L'Ordine Nuovo** (1919-1920) - org. Valentino Gerratana e Antonio A. Santucci; **Per la verità** - org. Renzo Martinelli; **La religione come senso comune** - org. e intr. Tommaso La Rocca; **Socialismo e fascismo**; **L'Ordine Nuovo** (1921-1922); **Scritti politici** (1916-1926) - org. Paolo Spriano.

[16] Hegemonia, tal qual compreendida por Gramsci, é leitura que se inicia a partir da elaboração intelectual de Lenin.

[17] "A partir da metade do século XX, o foco da discussão deixou de ser o indivíduo e passou a ser a sociedade. Essa mudança levou ao predomínio de modelos marxistas para interpretação do poder da Mídia. As teorias sociais de Marx e Gramsci conduziram ao desenvolvimento do *enfoque da ideologia dominante* (*dominant ideology approach*), cujo interesse dos criminólogos e estudiosos da mídia perdurou da década de 60 até a década de 80.

O *marxismo* entende que a mídia, como qualquer outra instituição capitalista, pertence a uma elite burguesa e opera nos interesses desta classe, negando o acesso a visões opostas ou alternativas.

Gramsci incorporou às teorias de Marx o conceito de hegemonia (processo pelo qual as classes dominantes ganham aprovação consensual pelos seus atos, sem ter que recorrer à coerção). A hegemonia é atingida por instituições sociais e culturais, como a lei, a família, o sistema educacional e a mídia. Essas instituições reproduzem diariamente representações de uma maneira que pareça natural ou inevitável a prevalência dos interesses dominantes. Cria-se, assim, uma falsa consciência na população, que passa a adotar passivamente as ideias da elite dominante.

(...)

Para essa posição extremista, o poder de rotular as pessoas como desviantes ou criminosas, processá-las e puni-las é uma função eminentemente estatal. Determinados fatos são definidos como crime, porque é do interesse da classe dominante assim defini-los, ao mesmo tempo em que é de seu interesse que outras condutas permaneçam impunes.

A criminologia crítica analisou a mídia enquanto instrumento de disseminação pública do pânico sobre o crime e desvio da atenção aos problemas sociais que emanavam do capitalismo.

Os pesquisadores da mídia notaram que as notícias televisivas representavam uma variedade de opiniões em determinadas circunstâncias, reproduzindo a ideologia dominante de acordo com a audiência que almejavam ter e ocultando as vozes contraditórias.

Outra perspectiva que influenciou os estudos da mídia nos anos 1980 foi a da economia política. A larga concentração da propriedade da mídia pela iniciativa privada faz com que sua posição política mude de acordo com a perspectiva de lucro.

hegemonia da classe dominante na sociedade capitalista, Dreifuss procura atualizar e aprofundar este conceito gramsciano com o objetivo de compreender a luta de classes no desenrolar do capitalismo durante o século XX.

Ana Rodrigues Cavalcanti Alves lembra que:

> A noção de hegemonia foi criada no seio da tradição marxista para pensar as diversas configurações sociais que se apresentavam em distintos pontos no tempo e no espaço.
>
> Apesar de ter suas origens na socialdemocracia russa e em Lênin, é Gramsci que apresenta uma noção de hegemonia mais elaborada e adequada para pensar as relações sociais, sem cair no materialismo vulgar e no idealismo encontrados na tradição. A noção de hegemonia propõe uma nova relação entre estrutura e superestrutura e tenta se distanciar da determinação da primeira sobre a segunda, mostrando a centralidade das superestruturas na análise das sociedades avançadas. Nesse contexto, a sociedade civil adquire um papel central, bem como a ideologia, que aparece como constitutiva das relações sociais. Deste modo, uma possível tomada do poder e construção de um novo bloco histórico passa pela consideração da centralidade dessas categorias que, até então, eram ignoradas[18]-[19].

Há alguns autores que chegam a afirmar que a vulgarização da cultura é parte de uma estratégia de manipulação da indústria militar para prevenir que as pessoas se engajem em atividades ou pensamentos políticos sérios. Isso demonstra que, no que concerne às estruturas globais de poder, a mídia é altamente seletiva no que reporta.
O grande mérito dos estudos inspirados no marxismo foi investigar o papel da mídia em moldar o entendimento do público, não só do crime e do desvio, como do processo de criminalização. A base desses estudos é que a informação parte do topo, com a mídia representando o ponto de vista das lideranças e reduzindo o expectador a destinatário passivo, premido de suas opiniões, preocupações e crenças.
Os grupos culturalmente dominantes impõem padrões de crenças e comportamentos que conflitam como os comportamentos éticos, culturais e religiosos das minorias. Nesse sentido, a mídia tornou-se um dos mais importantes instrumentos de manutenção do poder hegemônico". Masi, Carlo Velho; Moreira, Renan da Silva. Criminologia cultural e mídia: um estudo da influência dos meios de comunicação na questão criminal em tempos de crise. **Revista Brasileira de Ciências Criminais**, v. 108, p. 437. São Paulo: Revista dos Tribunais, maio 2014.

[18] Cavalcanti Alves, Ana Rodrigues. O conceito de hegemonia: de Gramsci a Laclau e Mouffe. **Lua Nova**, n. 80, São Paulo, p. 71-96, 2010.

Ao discorrer sobre "hegemonia", Norberto Bobbio explica que:

> Um dos significados tende a equiparar, ou, em torno do caso, a aproximar Hegemonia e *domínio,* acentuando mais o aspecto coativo que o persuasivo, a força mais que a direção, a submissão de quem suporta a Hegemonia mais que a legitimação e o consenso, a dimensão política mais que a cultural, intelectual e moral. É este o uso preponderante nos escritos dos teóricos da Terceira Internacional, Lênin em primeiro lugar, mas também Bukharin, Stalin etc. A par deste significado, parece hoje prevalecer, sobretudo na cultura política italiana, um outro que vê na Hegemonia, acima de tudo, capacidade de *direção* intelectual e moral, em virtude da qual a classe dominante, ou aspirante ao domínio, consegue ser aceita como guia legítimo, constitui-se em classe dirigente e obtém o consenso ou a passividade da maioria da população diante das metas impostas à vida social e política de um país. É este o significado que se depreende da "teoria da Hegemonia" que Antonio Gramsci transformou em centro da sua reflexão sobre a política e o Estado modernos e se acha registrada nas páginas dos *Quaderni del carcere*[20].

A hegemonia, resgatada a partir do pensamento de Lênin, é aspecto importante na percepção gramsciana de sociedade, sendo um processo pelo qual as classes dominadas aceitam a *ratio* apresentada pela classe dominante por conta da transmissão da ideologia, realizada com o manejo de instrumentos de convencimento. Por meio desse processo, os subordinados tendem a pensar da mesma forma que os subordinantes por serem convencidos de que suas opiniões e seus valores são válidos universalmente. Segundo Alysson Mascaro:

> Essa amplitude ideológica da dominação, realizando um amálgama entre o explorado e o explorador, é o conceito de hegemonia. No pensamento de Gramsci, ele não é sistematizado. Está disperso pelos textos,

[19] Vale lembrar que a referência à socialdemocracia russa e a Lênin não excluem necessariamente uma à outra, pois a cisão entre Bolcheviques (leninistas e revolucionários, que deram origem ao Partido Comunista russo) e Mencheviques (herdaram a socialdemocracia russa) ocorre posteriormente, no seio do então "Partido Operário Socialdemocrata Russo" – POSDR, cuja fundação se dá em 1898.

[20] Bobbio, Norberto. **Dicionário de política.** 11. ed. Brasília: UnB, p. 580.

> variando muitas vezes sua identificação, sua dimensão e sua aplicação concreta. No entanto, o seu eixo é a característica ideológica de conquista de valores, pensamentos e ações que ganha peso material na política, na cultura, nas estratégias, no próprio delineamento de horizontes[21].

Gramsci é guiado a este conceito por uma questão de compreensão da luta política. Na prática, "porque os oprimidos não rompem com os opressores de uma forma definitiva"? Conclui que esse processo ideológico é fundamental para responder a essa questão.

Embora trabalhem em ambientes intelectuais diversos, parece que a hegemonia se amolda à dominação legal-racional de Max Weber, outro autor bastante estudado por Dreifuss[22].

O componente da assunção de valores próprios da classe dominante pelos dominados irá proporcionar a forma mais elaborada de supremacia prevista por Weber: a dominação legal-racional que sutilmente prescinde do uso da violência, mas que precisará de elementos mais elaborados para sua manutenção.

Legitimar a ação dominante por instrumentos legais e procedimentos previamente elaborados exige forte trabalho de persuasão que somente a ideologia será capaz de fazer. Segundo Alysson Mascaro,

> A exploração de classes se dá, além da óbvia e mais determinante relação especificamente econômica, também pelo nível cultural. Se os trabalhadores considerarem natural que haja uma divisão entre quem explora e quem é explorado, poderão até se insurgir contra a sua própria localização, individual, entre os explorados, mas não contra o sistema que distingue a ambos. Mas, para que essa ideologia seja permeada por todas as classes, não basta apenas o confronto e a imposição. É preciso uma espécie de aliciamento, de construção compartilhada de um senso comum, pelo qual a própria burguesia encontre revezes, mas, no todo, consiga manter a lógica estrutural da exploração. O consenso entre as classes é a forma de consolidação da hegemonia dominante[23].

[21] MASCARO, Alysson Leandro. **Filosofia do direito**. 5.ed. São Paulo: Atlas, p. 483.

[22] DREIFUSS, René. **Política, poder, Estado e força** – uma leitura de Weber. São Paulo: Vozes, 1993.

[23] MASCARO, Alysson. **Filosofia do direito**, cit., p. 484.

Antonio Gramsci desenvolve a ideia de que cada grupo social detentor de papel decisivo para a produção cria seus próprios intelectuais, a quem chama de "orgânicos", em relação a este mesmo grupo social (assim o caráter orgânico se refere à relação entre o indivíduo e seu próprio grupo social). Para Alysson Mascaro:

> O papel do intelectual, segundo a perspectiva gramsciana, não é de mero diletantismo. Os intelectuais fornecem instrumentais concretos para o alcance dos consensos hegemônicos. De modo geral, as classes sociais dominantes – e, em casos de resistência, também as classes dominadas – não apenas se situam no contexto social pela sua condição econômica. Grupos intelectuais se ligam diretamente a tais classes. Gramsci denomina "intelectuais orgânicos" aos que, no entorno das classes que exercem papel político econômico preponderante na sociedade, cumprem uma função de legitimação ou mesmo de embate. Os professores legitimadores do capital dentro das universidades e os intelectuais defensores dos movimentos sociais podem ser pensados como intelectuais orgânicos, uns da burguesia e outros dos explorados. Para Gramsci ainda, em outra categoria, os intelectuais tradicionais são, por sua vez, aqueles isolados ou pertencentes a classes sociais anacrônicas, que não se encontra no cerne da dialética de dominação de um certo tempo (como, por exemplo, intelectuais ligados ao clero em plenos séculos XX e XXI). Os intelectuais orgânicos exercem um papel preponderante na consolidação dos consensos hegemônicos[24].

Alysson Mascaro ainda assevera que

> Os intelectuais são tomados, para Gramsci, num sentido distinto daquele comumente utilizado. Não é apenas intelectual o homem de alta cultura ou capacidade filosófica. Todos são intelectuais, ainda que em variados níveis ou graus de capacidade, e muitos exercem, na sociedade, um papel de diretriz de posições, valores, crenças e ideias. O intelectual, portanto, exerce um papel fundamental para a hegemonia. O amálgama intelectual e ideológico é exercido pelos intelectuais, seja no campo escolar e universitário, nas igrejas, nas associações, nos meios de comu-

[24] MASCARO, Alysson Leandro. **Filosofia do direito**, cit., p. 486-487.

nicação, ou mesmo na disseminação e na confirmação de visões de mundo em grupos sociais específicos[25].

Os intelectuais são, na verdade, os "prepostos" do grupo dominante, "para o exercício das funções subalternas da hegemonia social e do governo político"[26].

A classe burguesa, ao se desenvolver ainda no interior do antigo regime, elaborou não apenas a figura do capitalista, mas também uma série de intelectuais que o rodeavam de modo mais aproximado ou mais distante: o *técnico* industrial, o *administrador* de empresa, o contabilista, o economista, o advogado, o burocrata estatal.

Esses intelectuais ficam responsáveis por moldar o Estado e a sociedade capitalista. São "funcionários da superestrutura" que executam a manutenção da forma da sociedade segundo as matrizes estabelecidas pela classe fundamental.

Por analogia, a classe operária, segundo Gramsci, criaria suas próprias figuras intelectuais que comandariam a tentativa de modificação da realidade social (não necessariamente os intelectuais dos partidos de esquerda ou militantes). Seriam novos intelectuais, não mais contemplativos, afastados do mundo produtivo ou cheios de retórica abstrata, mas pessoas capazes de serem, sincronicamente, especialistas e políticos, ou seja, de conduzirem as transformações.

Seriam também "funcionários" de uma nova superestrutura, mais democrática e racional, já forjada sem resquícios da ultrapassada estrutura produtiva.

Para Gramsci, os intelectuais de tipo orgânico se deparam com "tipos tradicionais" herdados das formações histórico-sociais anteriores como os clérigos, os filósofos, os juristas, os escritores, dentre outros, que acabam, ao ignorar a luta de classes, atuando pela continuidade da sociedade na forma já existente[27].

Os intelectuais tradicionais possuem forte sentimento de continuidade em relação ao passado (bastante reacionários) e creem ser inde-

[25] Idem, ibidem, p. 487.

[26] Gramsci, Antonio. **Cadernos do cárcere**. Rio de Janeiro: Civilização Brasileira, 2000, v. 2, p. 21.

[27] Kurzman, Charles; Owens, Lynn. The Sociology of Intellectuals. **Annual Reviews of Sociology**, Chapel Hill, n. 28, p. 63-90, 2002.

pendentes e distantes das *classes sociais em luta*. Gramsci percebe que as classes em luta tentam aproximar tais intelectuais tradicionais por conta do processo de conquista da hegemonia social.

Desta forma, Gramsci trabalha a partir da dicotomia superestrutural entre sociedade política e civil. A primeira diz respeito à parte que se ocupa do aparato estatal e, de outro lado, a segunda refere-se à maior parte da superestrutura, incumbida da representação da população[28].

Para a classe dominante, a sociedade civil é o ambiente de apresentação dos valores que serão inoculados na classe dominada e que farão o papel de ambientação destes ao pensamento hegemônico que se busca propagar.

A palavra mais relevante na questão da hegemonia em Gramsci é *direção*, o que o aparta de Lênin, que se preocupa com o aspecto da tomada de poder pela classe operária e da derrubada das estruturas de Estado. Assim, Portelli assevera:

> Essa primazia traduz-se, na prática, pela noção de hegemonia: "O nível da sociedade civil corresponde à função de 'hegemonia' que o grupo dirigente exerce em toda a sociedade". Em tal sistema, a classe fundamental ao nível estrutural dirige a sociedade pelo consenso, que ela obtém graças ao controle da sociedade civil; esse controle caracteriza-se, particularmente, pela difusão de sua concepção de mundo junto aos grupos sociais, tornando-se assim, "senso comum", e pela constituição de um bloco histórico homogêneo, ao qual cabe a gestão da sociedade civil. Esse controle ideológico dos outros grupos tem por consequência enfraquecer o papel da sociedade política e, assim, da coerção. É nessa medida que a hegemonia é qualificada por Gramsci de democrática[29].

Percebe-se, portanto, que a hegemonia remete diretamente à ideia de formação de uma classe diretiva que planeje, reestruture e pense construção social.

Atento a essa estrutura gramsciana, Dreifuss trabalha a partir da observação da atividade *transnacional* das elites empresariais e de sua habilidade organizacional para atingir, dentre outros, os seguintes objetivos:

28 PORTELLI, Hugues. **Gramsci y el bloque histórico**. Madrid: Século XXI Editores, 1973, p. 13-15.

29 PORTELLI, Hugues. **Gramsci y el bloque histórico**, cit., p. 67-68.

1) contenção dos movimentos populares que porventura ameacem seus interesses; 2) difusão da ideologia capitalista-burguesa; 3) planejamento e execução de ações políticas eficazes; e 4) estabelecimento de uma rede de relações a ser traçada e mantida entre as diferentes elites nacionais. Assim, Dreifuss procura:

> (...) entender como uma classe economicamente dominante se organiza estratégica e taticamente para desenvolver a ação política necessária e assegurar a consecução dos seus objetivos: a direção política e ideológica da sociedade no duplo exercício gramsciano de força e autoridade, de dominação e de hegemonia, de violência e civilização[30].

A classe dominante, fundamentalmente, necessita da formação de uma vanguarda político-intelectual capaz de vislumbrar e planejar objetivos estratégicos e táticos em diversos cenários políticos. Esta formação de cabeceira condutora será aparelhada paralelamente por um "braço" operativo, que ficará responsável por executar as diretrizes traçadas.

Os indivíduos recrutados para compor a vanguarda e o braço operativo devem estar "organicamente vinculados", na linguagem de Gramsci, à sua classe social com o intuito de articular seus interesses no projeto de Estado que a classe tenta assumir para a sociedade. As elites orgânicas são, portanto, "(...) agentes coletivos político-ideológicos especializados no planejamento estratégico e na implementação da ação política de classe, através de cuja ação se exerce o poder de classe"[31].

Dreifuss, lembrando Gramsci, afirma que por meio dessas elites orgânicas ocorre a *unidade de classe*, quando conseguem organizar o "momento corporativo-solidário dos interesses materiais com o momento político-ideológico-coercitivo e a sua expressão na ação de classe (para si), visando à dimensão estatal e sua intervenção no conflito social, com senso de Estado"[32].

Extrai-se dos trechos acima relacionados a conclusão de que a manutenção da elite no poder depende de sua capacidade para antever a ocorrência de problemas político-ideológicos e de sua habilidade para

[30] Dreifuss, René Armand. **A internacional capitalista**: estratégias e táticas do empresariado transnacional 1918-1986. Rio de Janeiro: Espaço e Tempo, 1986, p. 23.

[31] Idem, Ibidem, p. 24.

[32] Idem, Ibidem, p. 24.

propor e pôr em movimento um plano de ação que seja capaz de contornar tais problemas.

Ela deve transmitir à sociedade a impressão de que as diretrizes para o funcionamento ideal do Estado e de todo o complexo social são expressão de uma pretensa "consciência nacional". Com isso, o pensamento e a ação oficiais passam a ser vistos como corretos e naturais pela população[33].

É assim que a supremacia ideológica da luta de classes é vista como fundamental para a dinâmica da sociedade capitalista moderna, embora não seja a única preocupação, na medida em que a conquista do aparelho estatal e a ação política necessária para que esta conquista ocorra são também pontos indispensáveis à conquista do poder.

René Dreifuss ressalva que o plano de ação a ser proposto não será tão minucioso e inflexível diante das situações imponderáveis[34], próprias da arena política. Por tal razão, o plano de ação deve ser elaborado a partir das possíveis tendências conjunturais próprias de cada sociedade, desde que se observe o núcleo do projeto de classe.

A partir desses aspectos, Dreifuss identifica caminhos para a investigação acerca do planejamento e execução da ação política hegemônica, por meio das inter-relações entre três níveis de organização que estruturam o poder das classes dominantes:

a) o primeiro nível corresponde às *elites orgânicas* propriamente ditas;
b) o segundo nível é constituído pelos órgãos de execução, de realização da atividade política;
c) o terceiro nível é formado pelas "centrais de ideias e pesquisa", órgãos auxiliares para a formulação de diretrizes e políticas públicas importantes para a elite orgânica.

Essa plataforma organizacional, utilizada pelo empresariado transnacional, apresenta-se sob a forma de conselhos, assessorias, fundações, comitês que reúnem empresários, intelectuais e administradores públicos

[33] Formas de dominação menos sofisticadas (relembrando Weber), como o recurso a uma entidade mística, são abandonadas em nome dessa "consciência nacional" própria dos séculos XVIII e XIX que aparecem sob diversas roupagens como o "*volksgeinst*" dos alemães.

[34] A questão do "imponderável" do cenário político lembra, em Maquiavel, a questão da *fortuna*.

e começa a ganhar corpo na Grã-Bretanha e nos Estados Unidos a partir do final da década de 1910, expandindo-se gradativamente pela Europa Ocidental, Ásia e Oceania.

No que tange à América Latina, a institucionalização, sob essa forma, das elites orgânicas, começa a se desenvolver a partir de 1950 e, embora autônomas, as elites políticas desses países assimilam o discurso e as plataformas ideológicas de seus pares dos países centrais, estabelecendo laços recíprocos.

O golpe de 1964, no Brasil, representa um dos exemplos mais emblemáticos de vitória da elite na tentativa de conter os avanços dos movimentos populares do País, como também representa o estreitamento dos laços das elites orgânicas brasileiras em relação às de outros países, formando aqui uma rede de atuação junto ao empresariado multinacional.

Para Dreifuss[35], o Instituto de Pesquisas e Estudos Sociais – IPES[36] (primeiro nível: elite orgânica) realizou o planejamento e o aparelhamento político-ideológico para as lutas contra a formação do governo de João Goulart; o Instituto Brasileiro de Ação Democrática – IBAD[37] (segundo nível: unidades de ação) proporcionou a ação conjuntural e de curto alcance; e o terceiro nível (centrais de ideias e pesquisa) foi pulverizado entre vários outros grupos que estavam em sintonia com as diretrizes lançadas pelo IPES e que auxiliaram e forneceram pessoal para atuar junto à elite orgânica. Desse modo, o capitalismo no Brasil, sob a pecha da modernização, foi redefinido, priorizando os postulados econômicos internacionais preconizados pelo empresariado multinacional e seus congêneres locais.

Dreifuss assevera que essa primeira intervenção das elites orgânicas internacionais na configuração político-estatal da América Latina constituiu um "laboratório", utilizado como modelo para outras interferências na região.

[35] DREIFUSS, René Armand. **1964: A conquista do Estado** – ação política, poder e golpe de classe, *passim*.

[36] JALLES DE PAULA, Christiane. **O Instituto de Pesquisa e Estudos Sociais – IPES.** "A trajetória política de João Goulart". Disponível em: http://cpdoc.fgv.br/producao/dossies/Jango/artigos/NaPresidenciaRepublica/O_Instituto_de_Pesquisa_e_Estudos_Sociais. Acesso em: 12 nov. 2013.

[37] Idem, ibidem.

Posteriormente, a intervenção militar promovida no Chile, durante o governo de Salvador Allende (1970-1973), provou o comprometimento das elites latino-americanas com os grandes grupos internacionais e, ainda, sua relação estreita com a burguesia chilena. Desse modo, irrompeu-se a desestabilização da economia chilena e o fortalecimento de alguns aparatos para promover a guerra ideológica contra a Unidade Popular[38], coalizão que dava sustentação política ao presidente chileno.

Mais do que as ações políticas que envolveram a tomada dos Estados na América Latina, de grande importância para a perpetuação do poder das elites na região, Dreifuss examina também o que chamou de "presença invisível", praticada por uma forma de "diplomacia privada".

Nesse "estilo", representantes de interesses econômicos e políticos do empresariado multinacional interagem com as elites orgânicas locais em diversos países mediante a inserção de campanhas ideológicas, utilizando diferentes produtos culturais, como programas de televisão, revistas em quadrinhos, livros acadêmicos, modelos de jornais e revistas, filmes e propagandas no rádio e na televisão. Por meio da hegemonia cultural é possível difundir projetos e obter simpatia da população para seu *way of life* e, consequentemente, seus objetivos.

Os empresários multinacionais, durante tais campanhas, ressaltavam os benefícios que seriam gozados pelas populações locais nas esferas econômica, social e tecnológica com a inter-relação junto às multinacio-

[38] Coalizão partidária de esquerda formada para a eleição presidencial chilena de 1970, comandada pelo presidente Salvador Allende, morto em 1973 durante o golpe militar. Foi sucessora da *Frente de Ação Popular* – UP, frente que preconizava a eleição democrática e que possuía forte viés anti-imperialista e antioligárquico, composta por vários partidos de esquerda: Partido Socialista, Partido Comunista, Partido Radical, Partido Social Democrata e Movimento de Ação Popular Unitária. Fundamentalmente, a aliança defendia a chamada "*via chilena para o socialismo*", que lutava pela construção de uma sociedade mais justa e menos desigual, baseada no paradigma do socialismo, que seria atingido por meio da democracia. Para tanto, a estratégia da UP visando a construção do socialismo seria manter as próprias estruturas do estado burguês, defendendo, sempre, o respeito às liberdades individuais, à liberdade de imprensa, e aos preceitos constitucionais então vigentes. A falta de uma estrutura militar própria que fosse forte o suficiente para defender o governo, dentro do contexto da Guerra Fria entre Estados Unidos e União Soviética, levou as Forças Armadas a abandonarem os preceitos constitucionais vigentes. Sob o pretexto de "salvar a democracia", os militares chilenos destituíram o governo de Allende por meio de golpe de estado liderado por Augusto Pinochet, que passaria a ser chefe de Estado durante 23 anos e chefe das Forças Armadas, cargo para o qual havia sido nomeado por Allende, por 25 anos.

nais e ofereciam cursos para formação de quadros humanos habilitados a defender o sistema capitalista, além de fomentar a ação em rede das elites orgânicas dos diversos países.

Desse modo, com a interação cultural, conseguiam sustentar seus interesses nos períodos críticos. Nesses momentos, se necessário, passavam a utilizar a coerção, no que Dreifuss denomina "intervenção quente", conjugando com penetrações ideológicas nas camadas populares e nos grupos dominantes das sociedades latino-americanas, a chamada "intervenção fria".

René Dreifuss atenta para as debilidades da organização das forças progressistas latino-americanas que agiam de forma desarticulada, efêmera e esporádica.

O autor também menciona a necessidade de estes seguimentos progressistas modificarem suas atuações, passando para uma perspectiva de ação popular com abrangência geral nos ambientes nacionais, de forma a estimular a construção de comunidades nacionais que pudessem otimizar suas potencialidades, o que somente seria possível com preparo, planejamento estratégico e organização das classes populares, além de posicionamento e mobilização dessas camadas para o exercício do Poder.

2.3. Hegemonia e direito

Ao tratar da hegemonia, ao modo de Gramsci, Norberto Bobbio assevera que:

> O conceito de Hegemonia não é, portanto, um conceito jurídico, de direito público ou de direito internacional; implica antes uma relação interestatal de potência, que prescinde de uma clara regulamentação jurídica. Segundo este critério, poder-se-ia definir a Hegemonia como uma forma de poder de fato que, no *continuum* influência-domínio, ocupa uma posição intermédia, oscilando ora para um ora para outro polo[39].

Alysson Mascaro explica que:

> (...) pode-se aplicar a reflexão gramsciana sobre o papel dos intelectuais também no campo jurídico, na medida em que o professor de direito e o

[39] BOBBIO, Norberto. **Dicionário de Política.** 11.ed. Brasília: Unb, 1998, p. 589.

> doutrinador, escritor de obras, moldam um certo ambiente intelectual do que seja correto e apropriado ao direito[40].

Alessandro Octaviani – citado por Alysson Mascaro – lembra que Gramsci se preocupa com o papel das revistas jurídicas perante a sociedade civil e sua potencial ligação com a implementação do pensamento jurídico que interessa à classe hegemônica.

> Percebe-se, então, a importância do direito para a identificação da hegemonia: no "Ocidente", onde a supremacia é exercida com maior visibilidade na sociedade civil, o direito deve ser objeto de manufatura do consenso a seu respeito. Não se trata, simplesmente, de identificar que, a partir de um quadro geral de organização econômica, os agentes econômicos realizam acordos e fabricam, a partir de suas repetidas condutas, tipos contratuais mais ou menos disseminados, capazes de certa amplitude de circulação ou mesmo de tipificação coletiva (por normatização corporativa, administrativo-estatal ou pela legislação). Este é um aspecto do consenso sobre o direito gerado na sociedade de agentes econômicos, mas Gramsci aponta para algo além, para um "sobremomento": a própria batalha cultural sobre os tipos contratuais. Tratar-se-ia de espalhar o consenso a respeito dos tipos contratuais inclusive com quem não realiza tais operações, a partir de publicações ou divulgações sobre sua excelência e adequação à realidade[41].

O Direito é, portanto, além de um aspecto da força estatal, um meio eficiente de transmissão do pensamento hegemônico.

E, no contexto da sociedade global, o Direito continua a assumir esse relevante papel. É ele que dará condições materiais para que a economia global se torne uma realidade. Mas a que custo? Será ele, também, uniformizado em relação a essa nova realidade universalizada?

Dreifuss parece não ter se preocupado diretamente com o Direito.

Tal desinteresse pode estar vinculado ao fato de não possuir formação jurídica, e ao mesmo tempo em que formular uma teoria jurídica por meio de um autor que não tratou diretamente do tema pode ser

[40] MASCARO, Alysson Leandro. **Filosofia do Direito**, cit., p. 487.

[41] OCTAVIANI, Alessandro. **Hegemonia e direito**: uma reconstrução do conceito de Gramsci. São Paulo: FFLH, 2005.

perigoso. Entretanto, abre-se, da mesma forma, a possibilidade de auxiliar na compreensão do fenômeno jurídico por meio de elementos que seriam desprezados pelos juristas de formação.

Esse será o aspecto central do presente trabalho. Para analisá-lo, a escolha epistemológica de pesquisa estará centrada em dois pontos: 1) há um processo de unificação do direito ocidental?; 2) qual tem sido o comportamento desse fenômeno no caso da vertente do direito que trata das relações do trabalho?

Ao tratarem do sistema penal, em argumentos que valem para todo o Direito, Eugenio Raúl Zaffaroni e José Henrique Pierangeli percebem que:

> Em outro nível, o sistema penal procura compartilhar essa mentalização [trata dos condicionamentos ideológicos do direito penal] com os segmentos de magistrados, Ministério Público e funcionários judiciais. Seleciona-os dentre as classes médias, não muito elevadas, e lhes cria expectativas e metas sociais da classe média alta que, enquanto as conduz a não criar problemas no trabalho e a não inovar para não os ter, cria-lhes uma falsa sensação de poder, que os leva a identificar-se com a função (sua própria identidade resulta comprometida) e os isola até da linguagem dos setores criminalizados e fossilizados (pertencentes às classes mais humildes), de maneira a evitar qualquer comunicação que venha a sensibilizá-los demasiadamente com a dor daqueles. Esse processo de condicionamento é o que denominamos burocratização do segmento judicial[42].

O condicionamento ideológico mencionado por esses autores reflete o controle hegemônico que é realizado em boa parte das esferas jurídicas, por classes dominantes, que sempre conduziram a construção do Direito nos diferentes países do Ocidente.

A relação entre poder e Direito sempre fascinou as classes menos abastadas, que veem na vida prática dos operadores do direito uma forma de preencher espaços mais elevados nas camadas sociais.

[42] ZAFFARONI, Eugenio Raúl e PIERANGELI, José Henrique. **Manual de direito penal brasileiro** – parte geral. 6. ed. São Paulo: Revista dos Tribunais, 2006, p. 69/70, v. 1.

Veja-se o chamado "bacharelismo", que foi e continua sendo tema central no quotidiano dos juristas. Discursos de manutenção do *status quo* continuam a permear as instâncias do Direito.

Mas tão logo é recrutado, o jovem começa um processo de demonização dos mais pobres, o que redunda em um linguajar exageradamente prolixo e formal que se manifesta em peças jurídicas de difícil compreensão para os "não iniciados". Os hábitos culturais, a vestimenta, ou seja, em todos os níveis de vida, diferenças são feitas com o intuito de ocupar um lugar social diferenciado em relação aos demais.

Fácil perceber, portanto, as manobras hegemônicas que trabalham nesse sentido.

Some-se a esses pontos a intensa agonia que os operadores do direito têm vivido na atualidade, no sentido de que a Ciência Jurídica precisa encontrar meios de tornar-se mais ágil em relação às modificações tecnológicas que ocorrem no mundo, sob pena de incorrer em arcaísmos e consequente descrédito.

É da essência do Direito ter movimentos bastante procedimentais para legitimar as decisões que são tomadas em seus núcleos principais, o que é aferido por Luhmann em **Legitimação pelo procedimento**[43]. Essa lógica procedimentalizada torna o Direito mais lento em relação a outros sistemas sociais, como diante da dinâmica do comércio. Sendo "mais lento", normalmente, suas respostas são menos ágeis do que anseiam as expectativas sociais

Além disso, há uma tendência conflitista – especialmente no Brasil – que tumultua e abarrota os tribunais com questões que poderiam ser decididas na esfera privada.

Resulta desses fatores uma constante batalha em um sistema frequentemente colocado em xeque pela população por atender aos seus anseios e por proteger aqueles que têm condições econômicas de promover a manutenção, por um largo espaço de tempo, de embates pela decisão final de determinado tribunal.

Os reflexos são sentidos também pelos *tecnobergs* que, paradoxalmente, tentam agilizar os procedimentos jurídicos, o que justifica a aproximação

[43] Obra lançada em 1969, cuja tradução para o português, elaborada por Maria da Conceição Côrte Real, foi lançada em 1980 pela Editora Universidade de Brasília, com revisão do Professor Tercio Sampaio Ferraz Jr.

entre os sistemas da *common law* e da *civil law*, e suas próprias relações econômicas, mas, quando há interesse, locupletam-se das fragilidades do sistema jurídico, justamente porque compõem as estruturas que determinam conteúdos ideológicos que atrelam juízes, promotores, funcionários públicos e advogados (recorde-se a questão das revistas científicas do direito anteriormente apontada) e porque têm condições econômico-estruturais para suportar e participar de longos conflitos judiciais.

Antes de adentrar propriamente o Direito, importante observar algumas diferenças feitas por Dreifuss no seu cabedal teórico, o que será analisado no item a seguir.

2.4. Globalização, mundialização e planetarização

Em determinado momento de sua produção científica, Dreifuss passa a focar o processo de transformação social que surge a partir dos avanços científico-tecnológicos e sua incorporação quase imediata ao setor produtivo, cuja aceleração se intensifica na última década do século XX. Tal processo é liderado pelas corporações estratégicas, cujo "estado-maior", ou núcleo de inteligência, estaria centrado nos países de economia avançada[44].

As modificações de âmbito transnacional estariam, segundo ele, interligadas a partir de três eixos fundamentais[45]:

a) a **mundialização** de hábitos e costumes;
b) a **globalização** econômica e produtiva e;
c) a **planetarização** das novas formas de governança e tratamento do político no âmbito dos Estados nacionais.

Os três megaprocessos estariam pautados por cadeias regionais de produção e macromercados de consumo, denominados por Dreifuss de "tecnobergs". O neologismo remete a verdadeiras "montanhas" tecnológicas que indicam o alto grau de concentração e oligopolarização do controle do conhecimento científico-tecnológico, dos meios de produção e de consumo. O termo remete, também, às novas formas de colaboração, cooperação competitiva e dos conflitos que se estabelecem entre as nações.

[44] Dreifuss, René Armand. Tendências da Globalização. In: **Revista Tempo Brasileiro**. Rio de Janeiro, n. 139, out./dez., p. 97-172, 1999b.
[45] Idem, ibidem, p. 99-105.

O fenômeno da **mundialização** "lida com mentalidades, hábitos e padrões; com estilos de comportamento, usos e costumes; com saberes e postulados; e se refere a modos de vida, criando denominadores comuns nas preferências de consumo das mais diversas índoles"[46]. Diz respeito, portanto, a aspectos socioculturais, embora transborde também para a economia e para a política.

Com relação à **globalização**, vertente mais conhecida e explorada do processo todo, assevera que:

> diversos fenômenos e variados conjuntos de processos pertencentes ao "âmbito" da economia (pesquisa científica, desenvolvimento e aplicação tecnológica, finanças, produção, administração, comercialização, dinâmica e uso das facilidades naturais e dos recursos humanos), que se desdobram na sociedade, se expressam na cultura e marcam a política, condicionando gestão e governança nacional[47].

Sendo assim, a globalização é potencializada pelas transformações científico-tecnológicas, que foram possíveis a partir dos avanços da informática, da microeletrônica e eletrônica digital; da eletrônica de concepção, produção em consumo; da informática; das telecomunicações; da automação; e da robótica, com sua rápida introdução nos processos produtivos e no setor de serviços.

Esses aspectos são dominados e desenvolvidos pelas corporações estratégicas com decisivo apoio estatal dos países desenvolvidos.

A globalização integra sistemas de pesquisa científica e sistemas de aplicação tecnológica nas áreas do conhecimento acima mencionadas e, por outro lado, impõe modificações na forma de gerenciamento das empresas, na maneira como circulam as mercadorias, nos diversos modos de troca de informações, monitoramento, comunicação intra e interempresariais e na "governança estatal".

Ela determina, assim, a força das transformações trazidas pela revolução científico-tecnológica e dos sistemas digitais em relação ao mundo industrial e mecânico, ou seja, marca o início de um novo modo de produzir bens de consumo, gerir empresas e consumir produtos.

[46] Idem, ibidem, p. 99-100.

[47] Idem, ibidem, p. 102.

Dreifuss completa o sentido desse grande processo que denomina de **planetarização**, configurado

> e sustentado por ação de estados capazes de projeção de poder (agindo como pivôs político-estratégicos e político-culturais) desenhando continentalizações e regionalizações político-estratégicas, assim como por movimentos privados, de elites orgânicas transnacionais, mapeando um planeta marcado pela transfronteirização e transestatalidade decisória[48].

À vista disso, o autor antevê a formação de uma *comunidade política planetária*, por meio de mecanismos institucionais supranacionais e exigindo dos Estados nacionais preparo suficiente para agir como pivôs político-estratégicos dessas transformações.

O escritor também atenta para o fato de que esse processo de formação de uma comunidade política planetária privilegiará, de fato, países indicados como formadores da "Tríade" (Estados Unidos-Canadá, Europa Ocidental e Japão) e algumas "Díades" (China e sua comunidade ultramarina; Rússia junto à Comunidade de Estados Independentes e Índia com sua diáspora) "como centros produtores dinâmicos no novo arranjo de forças (consolidando seus parques científico-produtivos integrados de ponta) e estipulando novas regras e modalidades para o comércio internacional"[49].

Retornando à globalização, o autor assevera que ela também se apresenta pela concentração oligopólica e pela acumulação em um processo guiado pelas grandes corporações estratégicas e seus conglomerados.

O Estado-nação, fundado nas bases novecentistas, perde sua força, mas, paradoxalmente, a mundialização e a globalização só são possíveis por conta de intensa intervenção estatal que garante mercados, incentiva a pesquisa industrial e a inovação tecnológica e regula as transações comerciais, entre outras ações, além de garantir, por exemplo, o direito de propriedade imaterial.

Já as corporações estratégicas trabalham com a montagem de estruturas internas desses países segundo suas "bandeiras nacionais", uma vez que os Estados não têm, em suas estruturas de planejamento e

[48] Idem, ibidem, p. 105.

[49] Idem, ibidem, p. 120.

investimento, possibilidade de criar iniciativas, incentivos favoráveis às corporações cujas matrizes seguem em outros países.

Assim, a globalização atua de modo contraditório em relação à produção externa, uma vez que se desenvolve por meio não da distribuição igualitária, mas pela concentração do conhecimento e pela administração oligopólica e política do mercado.

O desemprego estrutural dos países é, também, transnacionalizado pelos modelos empreendidos pelas corporações estratégicas, no que concerne aos países da Tríade e das Díades que estão na ponta dos três processos acima mencionados.

A questão do emprego a partir desse momento não é mais a mesma por conta do processo de "racionalização" promovido pela revolução científico-tecnológica e pelo desenvolvimento de novas formas e forças produtivas e, sobretudo, por causa das técnicas de gestão empresarial que introduzem novos modelos de produção e induzem ao desemprego e desocupação de postos de trabalho[50].

Neste contexto, as elites orgânicas aparecem como coadjuvantes nos processos de alinhamento dos mercados aos padrões transnacionais, mas ainda possuem importância decisiva por manejarem as novas tecnologias de informação e telecomunicação, e por participarem do setor de transportes internacionais, de modo a ampliar seu poder e atuação em escala planetária, visando contornar a ação de Estados e governos, bem como expandir a formação do pensamento neoliberal unificado.

As elites patrocinam mudanças organizacionais e apontam a necessidade de novas abordagens interpretativas para entender, segundo Dreifuss, os "estados maiores" de aspectos macropolíticos, de ação econômica, financeira e tecnológica transnacional.

[50] Santander e Citi fazem demissões no Brasil. Disponível em: [http://br. reuters.com/article/businessNews/idBRSPE8B408A20121205]. Notícia de: 5 de dezembro de 2012.

3. DIREITO EM FLUXO

3.1. Universalização do direito como processo de sobreposição econômica

Para falar em "universalização do direito" é necessário observar o tema como elemento relacionado aos constantes atritos entre os sistemas do direito e da economia.

No Brasil, passamos por um momento de reflexão quanto à necessidade de adequação do Direito, especificamente do Poder Judiciário, às novas tendências da sociedade que, como aponta o próprio Dreifuss, fazendo coro a outros sociólogos, lida com certo grau de complexidade e distinção progressivamente intensas.

Destarte, é possível tentar analisar os estreitamentos de laços entre os dois blocos sistêmicos do Ocidente sob a questão de um movimento de convergência que tem, também, se intensificado.

O Poder Judiciário brasileiro, tal qual outras instâncias sociais, tem sofrido pressões em razão da intensa inclusão de camadas da sociedade brasileira, cujos problemas não chegavam à análise e à proteção do Estado, que, desde a Constituição de 1988, tem sido acelerado pelo "livre acesso ao Judiciário".

Tal princípio, conjugado com normas protetivas e inclusivas do cidadão, por exemplo, o Código de Defesa do Consumidor, o ECA, o Estatuto do Idoso etc., força-nos a considerar que hoje passou a ser mais nítida a necessidade de aperfeiçoamento das instituições para atender ao aumento vertiginoso de demandas sociais complexas.

Exemplo disso reside no fato de que a sociedade capitalista atual se baseia em relações produtivas, voltadas para o mercado de consumo, reconhecidamente rápidas. O consumidor tornou-se ator principal da circulação de bens, mercadorias e serviços, de modo que suas dificuldades, suas pretensões, têm chegado gradativamente à esfera do Poder Judiciário, atingindo proporções antes inimagináveis.

A quantidade de problemas entregues às barras dos tribunais é desproporcional ao tamanho desse Poder, o que gera, por exemplo, problemas com a harmonização das decisões, pois, não raro, casos idênticos acabam por receber tratamentos diferentes.

Por vezes, pretensões idênticas são solucionadas de maneiras antagônicas, e orientações jurisprudenciais divergem, não havendo controle efetivamente eficaz para inibir tais situações. O descompasso aflige a recepção do resultado das decisões do Judiciário pela sociedade, abrindo espaços para argumentos esvaziados como "somente pobres são condenados"[51].

Diante deste cenário, o sistema é posto em xeque em suas mais variadas instâncias e a legislação é exposta a constantes alterações, nem sempre eficientes, como ocorre, por exemplo, no caso do processo civil. Desde 1992 o Código de Processo Civil passou por reformas, e somente em 2015, por intermédio da Lei n. 13.105, depois de um esforço sobre-humano e gasto de recursos públicos para otimizar os procedimentos dessa esfera, foi sancionado o novo Código de Processo Civil, que objetiva modernizar as relações processuais civis do País, pois o Código de 1973 era acusado de estar ultrapassado e de ter perdido sua identidade inicial, após tantas reformas consecutivas. Contudo, o processo manteve sua matriz individualista, desprezando-se, mais uma vez, a matriz coletiva, pois seria instrumento de transformação institucional.

Tentativas de simplificação das estruturas judiciárias brasileiras foram implementadas, por exemplo, com a valorização dos Juizados Especiais, a Lei de Arbitragem ou a possibilidade de realização de inventá-

[51] Análises sociológicas sobre o assunto: CAMPILONGO, Celso Fernandes. **Interpretação do direito e movimentos sociais**. São Paulo: Elsevier, 2012; **Política, sistema jurídico e decisão judicial**. São Paulo: Saraiva, 2011; FARIA, José Eduardo. **Direito e Justiça no século XXI**: a crise da Justiça brasileira. Disponível em: [http://www.ces.uc.pt/direitoXXI/comunic/JoseEduarFaria.pdf]. Acesso em: 20 set. 2013; VIANA FILHO, Flávio. **A justiça na teoria dos sistemas autopoiéticos**. São Paulo, Universidade Presbiteriana Mackenzie, 2012.

rio, partilha, separação consensual e divórcio por via administrativa (Lei 11.441/2007), com a finalidade de desafogar o Poder Judiciário, contudo, sempre conforme a perspectiva da matriz individual.

Na maioria dos casos, é utilizado o postulado econômico da mínima intervenção do Estado em questões de cunho particular dos indivíduos. Em outros termos, afasta-se a intervenção estatal ou, ao menos, ela é posta em um segundo plano, o que reflete na organização dos indivíduos para resolver problemas meramente patrimoniais ou questões simples de personalidade que não precisem de intervenção estatal (como no caso dos divórcios em que não haja interesse de incapaz).

Apesar de válidas as tentativas, em razão da matriz individual, os problemas não foram superados e carregam forte carga de relevância social em questões como efetivo acesso à Justiça, transparência de andamento processual e das decisões, celeridade na prestação jurisdicional, controle externo etc.

Como se vê, as questões são múltiplas e bastante impactantes, e em um mundo cada vez mais globalizado, os dois principais sistemas jurídicos ocidentais tendem a adotar medidas similares, sofrendo mútua influência. Se no sistema da *civil law* ocorre aumento da influência exercida pelas decisões oriundas dos tribunais, nos países que adotam a *common law* percebe-se que a lei ganha espaço como fonte do direito.

Neste capítulo, os núcleos são a aproximação entre os sistemas da *common law* e da *civil law* e a investigação sobre eventuais benefícios desse encurtamento para o sistema brasileiro, além de breve abordagem sobre o direito chinês (item 3.7), que será utilizado como base comparativa ao serem analisadas as relações trabalhistas nesses diferentes sistemas jurídicos.

O centro das discussões será a análise fundada em observações de Dreifuss, que podem levar ao entendimento de que essa aproximação *intersistêmica* configura uniformização, tendente a atuar como meio de facilitação para a própria unidade do capitalismo moderno com bases globais.

Para tanto, voltamos à formação de ambos os sistemas (*civil law* e *common law*), a fim de ter uma visão mais ampla sobre as razões de seus afastamentos históricos e o posterior processo de aproximação entre eles.

Pretensamente, tem-se utilizado o argumento de que a aproximação ou a utilização, pelo sistema brasileiro, de mecanismos norteadores da *common law* poderia conferir uniformidade de tratamento aos casos semelhantes, posto serem instrumentos que podem dar maior efetividade aos processos, ajudando, de modo salutar, a implementar o amplo e irrestrito direito fundamental de acesso à Justiça.

Como assevera Edilson Pereira Nobre Júnior[52], a utilização, no sistema brasileiro, das regras relativas à *common law* conduzirá a mudanças de paradigma em nossa noção de Estado, pois as funções estatais, a partir do uso de figuras importadas como os *precedentes judiciais*, importantes no sistema anglo-americano, precisam ser reavaliadas e adaptadas.

3.2. Antecedentes históricos

Nas palavras de Lenio Streck e de Georges Abboud, "os sistemas (tradições) jurídicos são classificados de diversos modos"[53], entretanto nosso intuito consiste apenas em examinar as similitudes e as diferenças entre *civil law* e *common law* , posto serem, hoje, o centro da questão da aproximação sistêmica, guiada por questões de ordem econômica[54].

Portanto, nesta parte da pesquisa o foco é trazer a construção histórica dos dois sistemas, apresentando as razões de suas respectivas formações sob o contexto da progressão social de ambos, assim como elementos essenciais para a compreensão dos respectivos sistemas em comento.

3.2.1. *Direito romano*

Configura o sistema antecedente à atual família jurídica romano-germânica. E é a partir dos romanos que se inicia, efetivamente, a formação das escolas jurídicas, pois na Grécia, por exemplo, apesar dos avanços sociopolíticos de diversas *polis,* havia pouco espaço para o estudo do direito da forma sintetizada e refletida como os romanos implementaram.

> Uma das justificativas para não termos nomes gregos elevados à categoria de juristas históricos está no fato de, por longo período, principal-

[52] Nobre Júnior, Edilson Pereira. O direito processual brasileiro e o efeito vinculante das decisões dos tribunais superiores. São Paulo: Revista dos Tribunais. **RT**, n. 785, março 2001, p. 46-47.

[53] Streck, Lenio e Abboud, Georges. **O que é isto**: O precedente judicial e as súmulas vinculantes? 2. ed. Porto Alegre: Livraria do Advogado, p. 19 e ss.

[54] Importantes questões são levantadas por José Eduardo Faria e podem ser acessadas por via de vídeo eletrônico disponível em: [https://www.youtube. com/watch?v=YiPmiIhrOm4].

mente em Atenas, não aceitarem a profissionalização do direito. Um dos resultados é vermos a Grécia como berço da Democracia, da Filosofia, do Teatro e da Escrita alfabética fonética, mas não do direito propriamente dito. É que uma característica prejudicou o desenvolvimento deste: a recusa do grego em aceitar a profissionalização do direito e da figura do advogado. Portanto, se não é possível destacar os grandes nomes da seara jurídica grega, essa cultura oferece-nos em contrapartida algo ainda melhor, que é o fato de todos os cidadãos estarem cientes de seus deveres e direitos e aptos a defenderem estes se necessário, com a noção de justiça devendo ser difundida perante toda a sociedade[55].

Afinal, os gregos tinham o Direito positivo como parte da *paideia*, inserido no processo de formação do homem grego, e não se preocuparam em criar um ambiente apartado que tivesse tal temática como único ponto de estudos, tal qual fizeram os romanos. Assim afirma José Reinaldo de Lima Lopes:

> Algumas coisas distinguem Grécia de Roma no campo do direito. Por exemplo, não existe entre os gregos uma classe de juristas e não existe um treinamento jurídico, escolas de juristas, ensino do direito como técnica especial. Existem sim as escolas retórica, dialética e filosofia. Ali se aprende a argumentação dialética que vai ter um uso forense ou semiforense[56].

Por "direito romano" há que se entender o conjunto de regras que governaram a sociedade romana, desde as origens que, segundo a tradição, remontam 753 a.C. até 565 d.C., momento da morte de Justiniano[57]. Segundo Juan Iglesias:

> En un curso de siglos que va desde el VIII a. de C. hasta el VI d. de C., vive toda una sucesión histórica de normas e principios, de órdenes o sistemas de vario tipo. Pero la variedad no significa contraposición: la

[55] MACIEL, José Fabio Rodrigues e AGUIAR, Renan. **Manual de história do direito**. 9. ed. São Paulo: Saraiva, 2019, p. 98.

[56] LOPES, José Reinaldo de Lima. **O direito na história**. 2. ed. São Paulo: Max Limonad, 2002, p. 34.

[57] ALVES, José Carlos Moreira. **Direito romano**. Rio de Janeiro: Forense, 1978. v. 1, p. 1.

> obra de la jurisprudencia – *iurisprudentia* (§ 23) – se explica, cabalmente, por el engarce y fortaleza que dio a todos los órdenes, para hacer de ellos el orden jurídico romano de que habla Gayo: *Constant autem iura populi Romani ex legibus, plebiscitis, senatus consultis, constituionibus principum, edictis eorum qui ius edicendi habent, responsis prudentium* (El derecho del Pueblo romano se encontra en las leyes, en los plebiscitos, en los senadoconsultos, en las constituciones de los príncipes, en los edictos de los que gozan del derecho a promulgarlos y en las respuestas de los juristas.)
>
> En la evolución del Derecho romano cabe distinguir tres fases: la del *ius civile*, la del *ius gentium* y la del *Derecho heleno-romano, romeo o bizantino*[58].

Destaque-se, ainda, que as instituições romanas não obedeciam ao princípio da separação dos poderes, desenvolvido séculos depois por Montesquieu.

Os romanos tinham suas fontes divididas em *jus non scriptum* – atrelado aos costumes – e o *jus scriptum* – com várias fontes de formação como o plebiscito, a lei, éditos dos magistrados (ascendentes das atuais súmulas).

Os magistrados romanos eram divididos em: cônsules, censores e pretores. Aos pretores eram reservadas as funções de justiça[59]. Eram os mais parecidos com os magistrados atuais, investidos da *juris dictio* e *imperium*, ou seja, possuíam capacidade para criar éditos (editar)[60]. Com o tempo deram origem ao "direito pretoriano" ao lado do *jus civilis*[61].

Em vista disso, surge uma condensação dos éditos que, posteriormente, no período do *principado romano* (século II d.C.), dá origem a

[58] Iglesias, Juan. **Derecho romano**. 18. ed. Barcelona: Sello Editorial, 2010, p. 34.

[59] Kaser, Max. **Direito privado romano**. Lisboa: Calouste Gulbenkian, 1999.

[60] Édito deriva de *ex dictum*, que quer dizer proclamar, dizer solenemente. As proclamações eram orais. Os éditos magistrados eram importante fonte de direito no período da República. No início do exercício da magistratura, o pretor indicava quais casos usaria seu *imperium* (poder modificativo de decisão em situações que entendessem ser úteis), o que configurava modo de corrigir, complementar e confirmar uma lei. Assim adquiriram potencialidade de alteração da lei e, em regra, mantinham cláusulas de édito exaradas de pretor anterior sempre que justas.

[61] Cretella Júnior, José. **Curso de direito romano**. 6. ed. Rio de Janeiro: Forense, 1978, p. 50.

uma compilação dos éditos conhecidos como "éditos perpétuos" *que constituíram uma* fonte de instrução oficial[62].

3.2.2. *"Dicotomização" dos sistemas jurídicos*

A civilização ocidental está intimamente relacionada ao Império Romano. Toda conformação atual do planeta está marcada por sementes (dos pontos de vista cultural, social, político e jurídico) que foram lançadas a partir de Roma.

Com o passar do tempo, houve um processo de "dicotomização", de modo que hoje o direito ocidental passou a ser dividido em dois sistemas com formações diversas.

A *common law* foi formada a partir da Inglaterra que, apesar de ex-colônia do Império Romano, deu origem a uma estrutura jurídica própria, autônoma que:

> (...) apesar de algumas semelhanças entre a formação do direito romano com base nas ações judiciais e a do *common law* baseada nos *writs*, havia diferenças fundamentais, sobretudo quanto ao caráter de direito público dos *writs*, isto é, ao fato de estes serem ordens do rei[63].

Miguel Reale observa que a *common law* é:

> (...) o nome que se dá à experiência jurídica da Inglaterra, dos Estados Unidos da América, e de outros países de igual tradição. O que caracteriza a *common law* é não ser um Direito baseado na lei, mas antes nos usos e costumes consagrados pelos precedentes firmados através das decisões dos tribunais. É, assim, um Direito costumeiro-jurisprudencial, ao contrário do Direito continental europeu e latino-americano, filiado à tradição romanística, do Direito Romano medieval, no qual prevalece o processo legislativo como fonte por excelência das normas jurídicas. Note-se que o direito romano clássico não era um direito "legislado", mas antes os frutos da doutrina dos jurisconsultos e da jurisdição dos

[62] MUSCARI, Marco Antonio Botto. **Súmula vinculante**. São Paulo: Juarez de Oliveira, 1999, p. 10.

[63] GILISEN, John. **Introdução histórica ao direito.** Lisboa, Fundação Calouste, Gulbenkian, 1995.

> pretores, o que levou Gibson a dizer que, em matéria de técnica jurídica, a Inglaterra estaria mais perto de Roma do que as Nações latinas (...)[64].

Em outras palavras, traço marcante da *common law* é a relação entre a estrutura jurídica e o trabalho dos tribunais, ou seja, um direito que evolui a partir da práxis, com a solução de problemas concretos.

Essa forma parece ter evoluído a partir do direito antigo, ao contrário do direito continental que se baseou no procedimento legislativo próprio do direito romano medieval e do direito canônico, culminando na elaboração dos grandes códigos a partir do final do século XVIII e começo do século XIX.

Apesar da origem próxima, cada uma das experiências jurídicas bifurcou para os dois sistemas atuais sobre os quais passamos a discorrer.

3.3. O direito continental europeu – *civil law*

Os países que adotaram a *civil law*, de orientação tradicional da família romano-germânica, cuja formação (fonte primordial) repousa nas leis, evoluíram para o processo de intensa positivação do direito das leis escritas, desembocando no período das grandes codificações.

Essa família jurídica[65] descende diretamente da antiga Roma, embora a concepção de Direito daquela época e a construção das regras não sejam exatamente as mesmas adotadas atualmente.

Referida família encontra berço na Europa e se forma graças aos esforços das universidades europeias que elaboraram uma ciência comum a todos, com fundamento nas compilações de Justiniano I, Imperador Bizantino (527-565) que determinou a elaboração do *Corpus Juris Civilis*[66].

Essa família, denominada direito romano-germânico, direito continental ou *civil law*, espargiu-se pelo mundo todo no período do descobrimento e das conquistas europeias do além-mar, chegando a diversos destinos: América Latina, parte da África, países do Oriente próximo,

[64] Reale, Miguel. **Lições preliminares de direito.** São Paulo: Saraiva, 1996, p. 98.

[65] David, René. **Os grandes sistemas do direito contemporâneo.** Trad. Hermínio A. Carvalho. 4. ed. São Paulo: Martins Fontes, 2002, p. 17.

[66] Willis Santiago Guerra Filho desenhou a evolução das escolas jurídicas que nascem a partir da Universidade de Bolonha, do estudo de documentos jurídicos antigos e do período das glosas, confirmando o aspecto salientado por René David (**Teoria da ciência jurídica.** 2. ed. São Paulo: Saraiva, 2009).

Japão e Indonésia. Essa expansão se deve, além do período propício para a colonização, às facilidades trazidas a partir do período das codificações para relações jurídicas e sociais progressivamente complexas, trazendo ao direito segurança e precisão.

No pensamento de Carl Schmitt[67] é possível perceber que a colonização impôs o *nomos* europeu às terras conquistadas que eram vistas tal qual o espaço marinho, um ambiente sem regramento definido, em que era possível tomar posse das coisas sem qualquer restrição. Exatamente o que ocorreu no Brasil, onde os colonizadores portugueses simplesmente desconsideraram os sistemas jurídicos dos povos autóctones e impuseram seu respectivo ordenamento[68].

O sistema romano-germânico agrupa os países em que o direito foi formado a partir do direito romano e da valorização da "lei" como fonte de direito, prevalecendo esta sobre outras fontes, culminando na criação de códigos para reger o sistema.

O direito é um *modelo* ideal de organização da vida social que não está atrelado diretamente ao plano concreto[69]-[70]. Assim, a realidade é que deveria se adaptar aos institutos jurídicos e não o inverso.

Há uma tendência, nesses países, a elaborar um ensino jurídico para análises de modelos ideais que se expressam na lei com menor preocupação quanto à formação prática do aluno.

A família romano-germânica, que tem por base o fato de a principal fonte do direito ser a "lei", ocupa local de destaque na conformação sistêmica, e os tratados, códigos e regulamentos tornam-se base das condutas individuais e coletivas.

Embora tenham a lei como fonte primeira, nesses países, a função dos juristas parece ser descobrir, por meio de processos de interpre-

[67] SCHMITT, Carl. **O *nomos* da terra – No direito das gentes do *jus publicum europaeum*.** São Paulo: Contraponto, 2014.

[68] MACIEL, José Fabio Rodrigues e AGUIAR, Renan. **Manual de história do direito**, cit., p. 198.

[69] DAVID, René. **Os grandes sistemas do direito contemporâneo.** 4. ed. São Paulo: Martins Fontes, 2002, p. 33.

[70] Com relação ao Brasil, especificamente, essa realidade vem mudando, o que se pode notar a partir do nível cada vez maior de estudos da jurisprudência e com o surgimento de faculdades de direito com viés mais prático, que buscam inserir seus alunos no "mercado de trabalho". Esta tendência é mais uma comprovação da aproximação de nosso sistema com o sistema da *common law*.

tação, a cada caso concreto, a solução que corresponde à vontade do legislador (*mens legislatoris*) ou, conforme a doutrina, a vontade da lei (*mens legis*).

A "doutrina", a seu turno, goza de certo prestígio, embora atualmente se fale em uma "crise doutrinária". Presta-se para auxiliar na tarefa de afirmar a regra válida para o caso concreto, mas, por outro lado, a jurisprudência serve aos práticos e aos juristas, mas não apresenta o mesmo grau de influência e prestígio[71]. Ambas, entretanto, são fontes indiretas, e estão em posição secundária.

Há aqueles que entendem que o costume ocuparia posição parecida com a lei entre as fontes do direito, embora a própria lei estipule regras para recepção de normas costumeiras pelo ordenamento, como a proibição de aderência ao ordenamento de situações que envolvam costume *contra legem*.

Embora haja esse escalonamento próprio das fontes, constata-se forte aproximação entre o sistema da *civil law* e o da *common law*, situação que representa mudança de paradigma, que pode ter relação direta com o processo de globalização econômica:

> Até meados do século XX, essa diferenciação era crucial. Mas a globalização tem reduzido a sua importância. A integração econômica, sobretudo na fase do mercado comum, demanda a harmonização dos direitos vigentes nos países de um bloco. A neutralização das fronteiras nacionais para fins econômicos ocorre paralelamente à eliminação das chamadas vantagens competitivas institucionais. E isso depende de leis que alterem o direito dos países envolvidos com a integração econômica. Se eles continuarem apegados às suas tradições, reproduzindo o que sempre tomaram como Direito, nenhuma alteração acontece, mantendo-se as vantagens competitivas institucionais que impedem a formação do mercado global[72].

[71] David, René. **Os grandes sistemas do direito contemporâneo**, cit., p. 78. Como dito em nota anterior, um pouco dessa percepção tem se alterado nas últimas décadas em que, ao menos no Brasil, o estudo da jurisprudência tem tomado maior relevância pelos estudiosos do direito.

[72] Coelho, Fabio Ulhoa. **Biografia não autorizada do direito.** Martins Fontes: São Paulo, 2021, p. 143-144.

Logo, de um lado, verifica-se que a globalização se vincula com mudanças no âmbito legislativo, na esteira do que tem ocorrido em países da *common law*, onde, diante da necessidade de promover maior integração econômica, há que se atentar para uma maior positivação do direito, mas não apenas isso, pois, em outra senda:

> (...) os dois sistemas estão se aproximando. Também nos países do *civil law*, a valorização dos precedentes tem crescido. Esse crescimento não se verifica nas leis que afetam a produção e a circulação econômica, por causa da necessidade de eliminação das vantagens competitivas institucionais, mas está presente nas demais (direito penal, de família etc.)[73].

3.4. O direito consuetudinário – *common law*

A análise comparativa entre os sistemas jurídicos ocidentais deve ter, ao se mencionar a *common law*, o direito inglês como farol, pois começou a ser elaborado a partir dos tribunais ingleses. René David lembra que é possível identificar o início do período de formação do sistema entre 1066 e 1485, período "no qual um sistema de direito novo, comum a todo o reino, se desenvolve e substitui os costumes locais"[74]. Também lembra que, até 1832, o sistema se desenvolveu *pari passu* às regras de equidade que o completavam e, até mesmo, com ele rivalizavam.

Por fim, entre o ano acima mencionado e a atualidade, temos o período moderno, "no qual a *common law* deve fazer face a um desenvolvimento sem precedentes da lei e adaptar-se a uma sociedade dirigida cada vez mais pela administração"[75].

Em outros termos, modernamente, o sistema da *common law* acaba se adaptando ao avanço da lei formal, movimento até então tímido na Inglaterra, o que remete uma certa aproximação desse sistema com a *civil law*.

Para John Gilissen[76], até os séculos XII e XIII o direito inglês guardava semelhança com os demais países europeus. Após o renascimento dos estudos do Direito Romano, houve um afastamento e os ingleses continuaram elaborando um direito fundado nas tradições nativas,

73 Idem, p. 145.

74 DAVID, René, **Os grandes sistemas do direito contemporâneo,** cit., p. 82.

75 Idem, p. 283-284.

76 **Introdução histórica ao direito.** Lisboa, Fundação Calouste Gulbenkian, 1995.

experiências que redundaram em um "direito dos casos" ou "sistema de precedentes" com o Poder Judiciário colocado no centro das questões[77].

Forma-se, assim, um direito eminentemente jurisprudencial com dois tribunais no centro das questões (um para a *common law* e outro para as questões de *equity*[78]), com a lei tomando um lugar secundário, limitado a corrigir ou completar o sentido da jurisprudência[79].

Existem aspectos peculiares na formação jurídica daquele país. Não há, por exemplo, uma Constituição codificada tal qual a nossa, pois, para os britânicos, por "Constituição" compreende-se o conjunto de regras, oriundas do legislativo ou da jurisprudência que garante as liberdades fundamentais e limita o arbítrio das autoridades.

As normas são aplicadas, mas carecem de interpretação jurisprudencial, ou seja, seu sentido somente estará completo "quando tiver sido aplicada e interpretada pelos tribunais e na forma e na medida em que serão feitas esta aplicação e esta interpretação"[80].

Tal construção é bastante parecida com a análise de Niklas Luhmann sobre o conceito de Justiça e o posicionamento dos tribunais no centro do sistema jurídico das sociedades atuais, aliado ao seu caráter funcionalista[81].

Há alguns autores, como René David, que negam a origem meramente consuetudinária do direito inglês[82], por ser marcantemente um direito jurisprudencial, em que a lógica adotada pelos magistrados é que funda o direito e não propriamente os costumes populares.

[77] MUSCARI, Marco Antonio Botto, **Súmula vinculante**, cit., p. 81.

[78] "A ideia de recorrer diretamente ao rei, fonte de toda a justiça, sempre esteve presente nos súditos ingleses. Como a utilização dos *writs* havia sido proibida, (...) surgiram no século XV nova jurisdição e um novo processo, que perduram até hoje: o chanceler decidia visando a equidade, sem levar em consideração as regras do processo e mesmo das origens do *common law*. A aplicação da equidade indica maior maleabilidade das normas para ajustarem-se aos casos concretos, realizando assim a justiça. Por trás estava o absolutismo de governos déspotas, que, de alguma forma, queriam violar as regras anteriormente estabelecidas para imporem suas vontades" (MACIEL, José Fabio Rodrigues e AGUIAR, Renan. **Manual de história do direito**, cit., p. 182).

[79] DAVID, René, **Os grandes sistemas do direito contemporâneo**, cit., p. 331.

[80] Idem, p. 331.

[81] LUHMANN, Niklas. **El derecho de la sociedad.** Trad. Javier Torres Nafarrate. México: Universidad Ibero Americana, 2002 (Colección Teoria Social), especialmente os capítulos 7, 8 e 9 que tratam de Justiça e do Poder Judiciário.

[82] Idem, ibidem.

Desse modo, a razão é elemento essencial a esse sistema, considerada por eles como fonte do direito, tal qual jurisprudência e a doutrina, o que corrobora a percepção de que esse direito não pode, pura e simplesmente, ser fruto do ideário popular. Nesse sentido, René David considera que, para moldar o sistema do Direito, "foi necessário procurar a solução mais conforme a razão, e um elemento determinante para descobrir essa solução foi o desejo de assegurar a coesão das decisões de justiça, o que supõe inevitavelmente certo recurso à lógica"[83].

De forma similar ao trabalho dos juízes da Antiguidade, o direito inglês moldou-se a partir do uso da razão, do bom senso que conduziu às decisões judiciais com um elevado grau elevado de estima por parte da população.

No que tange à doutrina, os ingleses guardam respeito especial por algumas obras escritas por magistrados, denominadas *books of authorities*[84]-[85], reservadas a alguns autores que gozam de maior prestígio e são reverenciados com valor quase equivalente ao valor de outras fontes.

Sendo um sistema jurídico baseado na jurisprudência, desenvolveu-se a partir de denso sistema de precedentes, mas[86] "nem tudo quanto consta do julgado configura precedente, cuja observância é imposta nos litígios posteriores", pois, "a) apenas as questões de direito se dirigem aos casos futuros; b) entre as proposições de direito afirmadas no julgamento, somente deve ser respeitado aquilo que foi considerado necessário para a decisão, denominado *ratio decidendi* (...)"[87].

[83] Idem, p. 354.

[84] Há cuidados especiais ao se fazer referência a esses livros. Nesse sentido, *vide,* por ex: [https://www.law.ox.ac.uk/published/oscola/oscola_2006.pdf].

[85] De se mencionar, por exemplo, **The Reports**, de Edward Coke. O primeiro foi publicado em 1600 e representou efetiva transformação no papel dos precedentes no direito inglês, pois marcou a passagem para o período dos "named reports" (de 1571, com Edmund Plowden, **The Oracles of the Law**). A atuação das *authorities,* entre Coke até Blackstone foi relevante para consolidar o "precedente persuasivo" e a próprio *common law* como sistema apto a defender a liberdade e a propriedade contra o arbítrio, preocupação premente naquele período histórico.

[86] Marinoni, Luiz Guilherme. **Precedentes obrigatórios.** 2. ed. São Paulo: Revista dos Tribunais, 2011.

[87] Nobre Júnior, Edilson Pereira. O direito processual brasileiro, cit., p. 50.

Em outras palavras[88], o núcleo da decisão passa a ser considerado "precedente", ou seja, este abrange o centro do julgado, o argumento de direito que foi decisivo para a tomada solucionar do caso. Sobre o assunto, Luiz Guilherme Marinoni menciona que:

> "deixe-se claro, antes de mais nada, que as razões de decidir ou os fundamentos da decisão importam, no *common law*, porque a decisão não diz respeito apenas às partes. A decisão, vista como precedente, interessa aos juízes – a quem incumbe dar coerência à aplicação do direito – e aos jurisdicionados – que necessitam de segurança jurídica e previsibilidade para desenvolverem suas vidas e atividades. O juiz e o jurisdicionado, nesta dimensão, têm necessidade de conhecer o significado dos precedentes"[89].

Destarte, a "razão de decidir" do precedente integra o *stare decisis*[90], *que está no núcleo do sistema da common law* e designa o princípio pelo qual as cortes devem ser fiéis aos precedentes estabelecidos pelas cortes superiores. É a vinculação das decisões judiciais às decisões anteriormente tomadas dentro do sistema jurídico do país.

É, portanto, um princípio, não uma regra, e, assim, sua utilização pode variar em maior ou menor grau. Há vinculação hierárquica nas decisões, mas não força vinculante em relação aos juízes superiores ou da mesma instância, com relação aos quais há apenas força persuasiva.

Existe, nesse sistema, um escalonamento horizontal entre juízes: as decisões dos juízes de primeira instância não vinculam ninguém dentro da estrutura jurídica; e as decisões dos juízes de segunda instância vinculam os da primeira instância.

A estrutura jurídica dos Estados Unidos da América está fundada no sistema inglês, *mantido após a* independência[91], com adaptações ao modelo republicano federalista.

[88] Mendes, João de Castro. **Direito comparado.** Lisboa: Associação Acadêmica da Faculdade de Direito de Lisboa, 1982-1983, p. 212-213.

[89] Marinoni, Luiz Guilherme. **Precedentes obrigatórios**, cit., p. 221.

[90] *Expressão retirada do adágio: "**stare decisis et quieta non movere**"* ou "mantenha-se a decisão e não se perturbe o que foi decidido".

[91] Cole, Charles D. *Stare decisis* na cultura jurídica dos Estados Unidos – O sistema de precedente vinculante do *common law*. **RT**, *v.* 752, jun. 1998, p. 11-12. A título de esclarecimento,

Assim, se a última instância decidiu em determinado sentido, seja Corte federal ou estadual, de modo a estabelecer um precedente, as decisões posteriores devem aderir à primeira, que será aplicada aos casos futuros em que o suporte fático mais relevante seja idêntico ao do precedente, ainda que as partes sejam diversas.

Em alguns momentos, apesar da tradição própria do direito americano, há recurso a textos e argumentos ingleses quando ausentes decisões internas do país, como mecanismos de persuasão (desprovidos de força vinculante).

Nos EUA, os precedentes ganham *status* similar ao da lei nos países de tradição europeia continental, pois os julgados são vinculantes em relação às Cortes subordinadas àquela que proferiu a decisão, vínculo que permanece válido, independentemente do decurso de tempo, até que a orientação sofra alterações. Desse modo, ou as Cortes, em suas respectivas competências, estabelecem precedentes novos ou devem seguir a decisão vinculante já existente.

Casos que tratem de leis federais são julgados pelas Cortes Federais, e os recursos são direcionados à Corte de Apelação do Circuito, que será o órgão jurisdicional responsável pelos precedentes, salvo se o caso alcançar a Suprema Corte Federal.

Há precedentes estaduais e precedentes da Corte de Apelação de Circuito, além dos oriundos da Suprema Corte dos Estados Unidos que vinculam as demais Cortes.

No que tange à aplicabilidade dos precedentes, há dois pontos fundamentais a serem observados: de um lado, os precedentes não são aplicados automaticamente, pois passam por análise prévia criteriosa que objetiva determinar se existe identidade de fato e de direito entre o entendimento e o caso concreto; de outro, há a possibilidade de atualização do sistema abandonando-se precedente desatualizado[92]. Assim, é necessário observar: se existe identidade de fato; se o precedente já foi adotado pela mesma Corte; se está em vigor, ou seja, certeza de que não foi modificado, revogado ou revisto; se a questão jurídica é idêntica no caso concreto e no caso que originou o precedente.

neste país, a expressão "Corte" refere-se tanto aos juízes em primeira instância quanto às instâncias superiores.

92 O movimento de atualização do sistema jurídico é preservado. Há uma seleção de fatos sociais novos e seu atrelamento a novas decisões, o que mantém o sistema "oxigenado".

Analisa-se, ainda, ao encontrar caso análogo, se ele foi decidido por unanimidade, o que efetivamente configura um precedente, com toda sua potencialidade vinculante ou, se foi decidido por maioria de votos, o que impossibilita sua aplicação como precedente, permitindo apenas uso por ter autoridade persuasiva. Há, em outros termos, necessidade de o interessado demonstrar a potencialidade vinculante do precedente em relação à sua demanda.

Quando determinado fato é levado aos tribunais pela primeira vez, não existem precedentes. Nesse caso, a situação é tratada como uma "primeira impressão" e, a partir do segundo conhecimento judiciário sobre determinada demanda, o precedente estabelecido vincula decisões dos juízes de primeira instância.

Outrossim, o juiz de primeira instância não tem autoridade para revogar um precedente, podendo apenas se recusar a aplicá-lo se estiver significativamente ultrapassado pelo transcurso de tempo. Essa posição poderá levar o caso ao grau recursal, onde a Corte Superior poderá optar entre aplicar o precedente, reformando a decisão, ou confirmar a decisão do juízo *a quo*, revogando o precedente.

Desse modo, conclui-se que há mecanismos de atualização do sistema por meio da modificabilidade dos precedentes, não estando eles engessados no interior do sistema jurídico.

Os precedentes auxiliam na estabilização do Direito, fornecendo previsibilidade às decisões judiciais e coibindo a litigância em torno de situações repetitivas que não encontram respaldo jurídico.

Mantém-se, porém, a possibilidade de atualização do direito, o que evita o encruamento das instâncias jurídicas e a consequente entrada do sistema em colapso.

3.5. Elementos importantes para compreender a aproximação entre os sistemas

O fenômeno da aproximação entre os dois sistemas mais comuns do Direito ocidental tem ocorrido desde meados do século XIX, como efeito do processo de incursão do mundo no modo de produção capitalista. A necessidade de relacionamento comercial entre os diversos países colabora para o estreitamento e compreensão mútua do arcabouço jurídico de cada qual. Tal aproximação está relacionada a razões políticas como a expansão, já no século XX, do *welfare-state*, haja vista que a tradição e o direito da Inglaterra não estão tão capacitados a lidar com essa formação estatal como os demais países do continente europeu[93].

A aproximação aparece também no sistema alemão, no qual a Constituição de 1949 (artigo 94.2) prevê efeito vinculante das decisões do Tribunal Constitucional alemão, mencionando que a lei federal delimitará os casos em que seus julgados terão eficácia de lei. Carlos Velloso, citando Antonio Álvares da Silva, lembra que o "fato não é novo. Já existe também, há muito tempo, no direito alemão. Lá, quando o Tribunal Constitucional decide uma questão, ela é vinculante para todas as instâncias e para a administração pública. E jamais houve queixa dos juízes alemães contra sua liberdade de julgar"[94].

Há que se notar que ambos os exemplos – Itália e Alemanha – remetem a Constituições promulgadas no pós-guerra, com claras incursões pelo Estado de Bem-Estar Social.

Atrela-se, assim, a retomada democrática desses países e a necessidade de trazer para dentro do sistema jurídico de cada qual modos de tornar as decisões judiciais mais consistentes, além de preparar os arcabouços jurídicos para a reconquista das relações comerciais com países aliados, vencedores do conflito mundial que estava ainda próximo.

Com relação à França, tradicionalmente, há certa desconfiança em relação ao trabalho dos juízes[95], tendo chegado a criar o Tribunal de Cassação, vinculado ao Poder Legislativo, com atribuição para retificar decisões das cortes judiciais, sempre que se verificasse a ocorrência de contradições entre essas decisões e o texto da lei. Mas, a partir de 1837, o referido tribunal tornou-se órgão do Poder Judiciário, com atribuição de revisão de qualquer sentença cuja *ratio decidendi* contrariasse sua orientação. Os efeitos vinculantes, portanto, ainda se restringiam aos demais órgãos do próprio Poder Judiciário.

Desse modo, o peso da jurisprudência como fonte de Direito, para os franceses, é restrito, pois o juiz exerce uma interpretação limitada com

[93] David, René, **Os grandes sistemas do direito contemporâneo**, cit., p. 302.

[94] O Judiciário e o efeito vinculante. **Folha de S.Paulo**. São Paulo, 4 ago. 1997, "Tendências e Debates", p. 3.

[95] *Desde* a Lei de 1790, que criou o *référé legislatif*, houve a indicação de que os juízes são aplicadores "autômatos" da lei, dando importância maior à interpretação legislativa, com descrédito, portanto, ao trabalho do juiz.

relação aos textos legais, sendo-lhe defeso expandir seu raciocínio além dessa esfera.

Os juízes estão adstritos a realizar interpretações gramaticais, pouco podendo avançar para outros métodos que terminem por aumentar seu raio de atuação. A lei é tida como "expressão da vontade geral".

Os franceses, portanto, tentam manter sua conformação de direito com pouca interferência do Poder Judiciário. Assim, ao contrário de outros países, seu sistema jurídico permanece centrado no Poder Legislativo.

Ao contrário da França, o Brasil não foge à regra da aproximação sistêmica e da adoção das súmulas vinculantes – inspiradas no modelo da *common law* –, que direcionaram o sistema jurídico brasileiro para um novo caminho em que as decisões do STF passaram a ter, com a Emenda Constitucional 45/2004 (Reforma do Judiciário) e a Lei n. 11.417/2006, efeito vinculante em relação aos demais órgãos do Poder Judiciário e em relação à administração pública direta e indireta, em todas as esferas federativas.

No nosso caso, o fenômeno da aproximação também não é recente, pois a busca por um sistema vinculativo já vinha ocorrendo desde o Código de Processo Civil (o primeiro unificado no País) de 1939, no qual o artigo 861 expressamente dispunha que o Tribunal poderia realizar pronunciamento prévio acerca da interpretação de qualquer norma jurídica.

Posteriormente, Alfredo Buzaid apresentou estudos, no Anteprojeto de Código de Processo Civil, que intentavam reestabelecer os antigos assentos, próprios do período das ordenações, que dariam efeito vinculativo às decisões judiciais.

Durante a constituinte de 1946 houve tentativa de apresentação de projetos que visavam à implantação do sistema de precedentes vinculantes.

Posteriormente, outras normas surgiram no sistema brasileiro, por exemplo, o artigo 38 da Lei n. 8.038/1990 permitiu ao relator, tanto do Supremo Tribunal Federal quanto do Superior Tribunal de Justiça, negar seguimento a recurso que contrarie súmula do Tribunal; o artigo 557 do CPC de 1973 (Lei n. 5.869/1973), com alteração inserida pela Lei n. 9.756/1998, passou a dispor que o relator poderia negar seguimento a recurso que confrontasse súmula ou jurisprudência predominante do Tribunal, do STF ou do STJ; o artigo 896, § 4º, da CLT caminhou na mesma direção, podendo o relator negar seguimento ao recurso de revista, caso a decisão recorrida esteja de acordo com enunciado de súmula do TST.

Além disso, o artigo 285-A, também do revogado Código de Processo Civil de 1973, inserido pela Lei n. 11.277/2006, passou a possibilitar a dispensa da citação do réu e o imediato proferimento de sentença nos mesmos contornos da já prolatada, quando a matéria for unicamente de direito e no juízo já houver sido proferida sentença de improcedência para casos idênticos.

Mas é na Emenda 45/2004 que aparece o mais importante movimento de adoção de regras da *common law* em nosso sistema jurídico, quando o artigo 103-A da CF possibilita a criação de súmula pelo Supremo Tribunal Federal, de ofício ou por provocação, mediante decisão de dois terços de seus membros, após reiteradas decisões sobre matéria constitucional, que, a partir de sua publicação, passa a ter efeito vinculante em relação aos demais órgãos do Poder Judiciário e da Administração Pública direta e indireta, nas esferas federal, estadual e municipal, bem como proceder sua revisão ou cancelamento. Esse preceito constitucional de eficácia limitada foi regulamentado pela Lei 11.417, de 19 de dezembro de 2006, que disciplinou a súmula vinculante.

Por fim, o atual CPC (**Lei 13.105, de 16 de março de 2015**) regulamentou a matéria:

> **Art. 489**. São elementos essenciais da sentença:
>
> (...)
>
> § 1º Não se considera fundamentada qualquer decisão judicial, seja ela interlocutória, sentença ou acórdão, que:
>
> (...)
>
> V – *se limitar a invocar precedente ou enunciado de súmula,* sem identificar seus fundamentos determinantes nem demonstrar que o caso sob julgamento se ajusta àqueles fundamentos;
>
> VI – *deixar de seguir enunciado de súmula, jurisprudência ou precedente invocado pela parte,* sem demonstrar a existência de distinção no caso em julgamento ou a superação do entendimento.
>
> (...)
>
> **Art. 926**. Os tribunais devem uniformizar sua jurisprudência e mantê-la estável, íntegra e coerente.
>
> § 1º *Na forma estabelecida e segundo os pressupostos fixados no regimento interno, os tribunais editarão enunciados de súmula correspondentes a sua jurisprudência dominante.*

§ 2º *Ao editar enunciados de súmula, os tribunais devem ater-se às circunstâncias fáticas dos precedentes que motivaram sua criação.*

(...)

Art. 988. Caberá reclamação da parte interessada ou do Ministério Público para:

(...)

IV – *garantir a observância de acórdão proferido em julgamento de incidente de resolução de demandas repetitivas ou de incidente de assunção de competência.*

(...)

§ 4º As hipóteses dos incisos III e IV *compreendem a aplicação indevida da tese jurídica e sua não aplicação aos casos que a ela correspondam.*

(...). (Grifamos.)

No que tange à doutrina, há trabalhos que tratam da criação de um sistema precedentalista no Brasil, da lavra, por exemplo, de Guilherme Marinoni[96], que sustenta a necessidade atual de investigar como se desenvolve a atividade jurisdicional na *common law* e abandonar certo preconceito em relação a esta hipótese, lembrando que o juiz da *civil law* passou a exercer papel incompatível com a percepção tradicional desse sistema, pois tornou-se tão criativo quanto seu colega da *common law*. Hoje, no sistema romano-germânico, o juiz controla a constitucionalidade da lei, de modo que seu papel chega a pôr em xeque a supremacia do Poder Legislativo no exercício de sua função essencial, ponto que não era confrontado na *civil law*. Para Marinoni:

> (...) Não há qualquer empenho em ressaltar que o juiz, no Estado constitucional, deixou de ser mero servo do legislativo. A dificuldade em ver o papel do juiz sob o neoconstitucionalismo impede que se perceba que a tarefa do juiz do *civil law*, na atualidade, está muito próxima da exercida pelo juiz do *common law*. É exatamente a cegueira para a aproximação destes juízes que não permite enxergar a relevância de um sistema de precedentes no *civil law*[97].

[96] Marinoni, Luiz Guilherme. *A transformação do civil law e a oportunidade de um sistema precedentalista para o Brasil.* **Cadernos Jurídicos da OAB-PR,** Curitiba, v. 03, p. 1-3, jun. 2009.

[97] Idem, ibidem.

Dessa maneira, o século XX foi marcante para o Brasil, com movimentos intensos de fechamento e abertura político-econômica, e o movimento mais claro de aproximação se dá a partir das últimas décadas do século e no início do século XXI, período de intensificação do envolvimento econômico do País no cenário mundial e, a partir daí, o receio de outros atores internacionais com a segurança das relações que estabeleciam com o Brasil. Houve, nesse momento, maior preocupação com a adequação do sistema jurídico brasileiro à realidade mundial.

Tercio Sampaio Ferraz Júnior obtempera que:

> Numa tradição que vem do século 19, de origem ideológica liberal e que encara o direito como conjunto de regras dadas pelo Estado, o juiz tendia a assumir o papel conservador daquelas regras, que seriam, então, por ele interpretadas. Atualmente, a sensação é que há uma espécie de crise do paradigma do direito legislado e codificado.
>
> Esse fato pode ser observado após algumas percepções do trabalho cotidiano do jurista. Até recentemente, por exemplo, um livro de direito constitucional não fazia referência à jurisprudência. Hoje, os manuais são repletos de menções a ela. Nas faculdades de direito, a pesquisa de jurisprudência começa a se sobrepor à doutrinária. A consequência disso é que passamos da centralidade da lei para a da jurisdição.
>
> O problema da justificação das decisões jurídicas ganha uma importância inédita, já que o fundamento das decisões tem tido mais importância que a própria lei.
>
> Surge, assim, o constitucionalismo argumentativo e de princípios, de origem anglo-saxônica. Os direitos constitucionalmente estabelecidos não são regras, mas princípios em um eventual conflito e, por isso, são objetos de ponderação, não de subsunção. Contam mais os fatos e sua repercussão, menos a validade da norma que os regula. Isso resulta numa concepção de direito como prática social confiada aos juízes, uma prática de interpretação e argumentação.
>
> Nossa atual civilização tecnológica joga sua capacidade criativa em fórmulas jurídicas cujos máximos valores são a eficiência dos resultados e a alta probabilidade de sua consecução. No campo judicial, o tribunal passa a ser chamado para uma avaliação prospectiva e um julgamento de como as coisas são para ver o que se poderá fazer. À inconfiabilidade da

lei se substitui o tirocínio do juiz. Dessa forma, o que ocorre com a aplicação do direito em face da velha e conhecida segurança jurídica?[98].

Assevere-se que ambos os sistemas estão abertos a falhas, especialmente quando analisamos detidamente o ambiente ideológico que se esconde por traz das normas que são por eles criadas. Caso sejam elas oriundas do Poder Legislativo, passarão por processo de formação dentro do Poder Judiciário. Exemplo disso está em recente decisão do Judiciário americano que considerou um tratado internacional como contrato. Nas palavras de Valerio Mazzuoli:

> *De antemão, cabe referir que não se compreende como o magistrado é capaz de raciocinar um tratado internacional como sendo um contrato entre particulares. Ora, é evidente que se se parte de uma premissa tão equivocada como essa, o resultado será também – e esse detalhe não escapou à observação do voto dissidente do Juiz Roberts, ao qual aderiu o Juiz Kennedy – totalmente equivocado, para não dizer injurídico.* Assim, se *fosse* um contrato entre privados, estariam os árbitros habilitados a decidir a questão, tal como se fez no caso concreto, rechaçando a necessidade de ser recorrer primeiramente a um tribunal interno argentino para poder, depois, deflagrar o processo arbitral, motivo pelo qual não poderia o Tribunal de Apelações do Circuito do Distrito de Columbia ter revogado a decisão do Tribunal de primeira instância que havia *confirmado* o laudo arbitral que condenou a Argentina ao pagamento de US$ 185,3 milhões à *BG Group*. Porém, como *não se trata* de um contrato, mas sim de verdadeiro e válido *tratado* internacional entre duas potências soberanas, a conclusão deveria ser oposta: a decisão do Tribunal de Apelações, revogando o *decisum* do Tribunal de primeira instância, que confirmou o laudo, é *válida*; com o laudo não confirmado judicialmente, com fundamento na Convenção de Nova York de 1958 e na Lei Federal de Arbitragem, a Argentina estaria desonerada do pagamento do valor arbitrado, a menos que a *BG Group* inicie um processo judicial num tribunal argentino e, após 18 meses da

[98] Ferraz Junior, Tercio Sampaio. "Mudança de rota – Jurisprudência passou a ter mais importância que a própria lei". Disponível em: [http:// www.conjur.com.br/2014-set-29/jurisprudencia-passou-importancia-propria-lei?utm_source=dlvr.it&utm_medium=facebook]. Acesso em: 05 out. 2014.

apresentação da reclamação perante um tribunal argentino, deflagre novamente a arbitragem internacional[99] (**grifamos**).

Em outros termos: a força do conteúdo ideológico leva magistrados a esquecerem da importância dos Estados-nação no conjunto planetário e, no que tange à representação de interesses de uma coletividade (no caso, os argentinos), colocando em primeiro lugar postulados do *pacta sunt servanda*, de origem liberal, e, em última instância, no caso acima apontado, reservando interesses de uma empresa do ramo de petróleo.

Analisada, de um modo geral, a aproximação entre sistemas jurídicos, torna-se importante observar alguns pontos de evolução das questões que envolvem as relações trabalhistas, posto ser este assunto central nos próprios capítulos do presente livro.

Para tanto, os próximos tópicos estarão preenchidos por análises de dois sistemas jurídicos trabalhistas aparentemente antagônicos: de um lado o sistema norte-americano e, do outro, o sistema chinês, que representam as duas maiores potências econômicas da atualidade.

3.6. Desenvolvimento da legislação trabalhista nos Estados Unidos da América

A aproximação entre os sistemas jurídicos da *common law* e da *civil law* tem despertado a atenção da comunidade jurídica, especialmente no Brasil. O referido assunto merece espaço porque é necessário observar se a aproximação está baseada em um processo de assenhoramento inerente à dominação hegemônica das nações economicamente potentes, provocada pela força das grandes instituições empresariais, ou se se trata de suposta adaptação de um sistema a pontos mais desenvolvidos pelo outro com fundamento na observação de que tais questões são mais eficazes e a adaptação nada mais é que uma evolução.

Para coligir elementos comparativos, de modo a tornar o tema mais claro, traz-se à baila o nascimento e o desenvolvimento do direito do trabalho nos Estados Unidos, país eminentemente liberal e cujo cami-

[99] Mazzuoli, Valerio de Oliveira & Massa, Diego Luis Alonso. Análise da decisão "BG Group vs. República Argentina" proferida pela Suprema Corte dos Estados Unidos: todos os caminhos levam a Roma? **Revista de Direito Constitucional e Internacional**, ano 22, v. 88, São Paulo, jul./set. 2014, p. 211-237.

nho de formação não foi idêntico à experiência brasileira ou à chinesa, que virá em seguida[100].

3.6.1. *Formação do direito do trabalho norte-americano*

Durante o século XIX, o norte dos Estados Unidos começa experimentar forte expansão do setor industrial. Nesse período, a indústria passa a ter demandas nacionais, com aumento na rede de distribuição. Tal expansão força a ampliação da mão de obra assalariada, que se baseia na imigração europeia; por exemplo, irlandeses, escoceses e italianos.

A crescente massa de trabalhadores enfrentava franca desvantagem nas negociações de contratos de trabalho, o que impulsionou a formação de uma rede de cooperação entre trabalhadores que pretendiam obter melhorias das condições de salário e de trabalho. Diante dessa tendência, a primeira reação dos empregadores foi um impulso para solicitar ao governo que tornasse ilegal qualquer movimento de união entre trabalhadores.

Começaram a surgir leis que objetivavam dificultar as lutas coletivas da classe trabalhadora, sob a acusação de "conspiração" contra os empregadores.

Com relação ao tratamento jurisprudencial, no período entre 1895-1932, a Suprema Corte norte-americana foi bastante restritiva no que tange ao reconhecimento de efeitos benéficos na legislação social em relação aos trabalhadores.

Dois marcos foram importantes nesse período: em 1842, a jurisprudência americana teve o julgamento emblemático do caso *Commonwealth versus Hunt*[101], e a Inglaterra, berço do sistema consuetudinário, inaugurou legislação permissiva à união entre trabalhadores, datada de 1875.

Ademais, os tribunais representaram forte instrumento de atuação dos empregadores, pois possibilitavam que estes mantivessem sua supe-

[100] Como nesta obra são tratados aspectos diferentes da dogmática jurídica, questões minudentes do Direito do Trabalho brasileiro não foram enfocadas. Basta termos as referências de formação do direito trabalhista nacional que nos são conhecidas. As diferenças em relação ao direito americano são claras.

[101] *Sobre o assunto ver texto de Walter Nellis, "Commonwealth v. Hunt"*. Disponível em: [http://digitalcommons.law.yale.edu/cgi/viewcontent.cgi?article=5502&context=fss_papers]. Acesso em: 20 ago. 2014.

rioridade nas relações de trabalho. Também havia repressão federal contra sindicatos nacionalmente organizados durante esse período.

Em 1926, nos EUA, o *Railway Labor Act*, emendado em 1934, formou legislação de trabalho concernente às ferrovias e dispunha sobre a liberdade de atuação da categoria para a escolha de seus representantes sindicais, admoestando os empregadores sobre a impossibilidade de interferência nesse momento.

Em 1932, o *Norris-La Guardia Act* implantou um sistema de garantias para a liberdade de negociação coletiva, assegurando termos e condições de emprego mínimas aceitáveis. O ato, entretanto, não esmiuçou questões de conteúdo material das relações, deixando às partes interessadas tal possibilidade.

Posteriormente, em 1933, o *National Industrial Recovery Act*, legislação industrial nacional, teve a mesma intenção, expandindo-se para toda a indústria estadunidense.

Em 1935, a restrição aos sindicatos sofreu mais um revés em virtude do *National Labor Relations Act*, lei geral de relações de trabalho, conhecida como *Wagner Act*, que se configurou na primeira legislação trabalhista do período do "New Deal", plano de intervenção econômica que visava conter a crise em que o país mergulhava[102]. Naquele período:

> Quando Franklin Roosevelt assumiu a Presidência dos EUA (março de 1932), era forte o receio de que o capitalismo não sobrevivesse à crise. A adopção do *New Deal* significa que a Administração Roosevelt assumiu como objetivo essencial o de evitar o colapso da ordem capitalista. O governo legislou no sentido de regular a atividade bancária e o mercado financeiro, concedeu subsídios aos desempregados e aos idosos e pensões aos veteranos de guerra, ofereceu apoios a recuperação e a reestruturação de empresas, instituiu o salário-mínimo, reconheceu a liberdade de organização sindical e o direito à contratação colectiva, lançou

[102] Sobre este período, enfatiza Avelãs Nunes: "Deixando de lado as experiências dos governos de Frente Popular, na Espanha e na França, referiremos apenas os projectos políticos contidos na Constituição de Weimar e no *New Deal*, ambos marcados pela defesa de uma intervenção sistemática do estado na economia" (AVELÃS NUNES, António José. O Estado capitalista. Mudar para permanecer igual a si próprio. In **Constituição e Estado Social**: os obstáculos à concretização da Constituição. São Paulo: Revista dos Tribunais/ Coimbra, p. 51).

> grandes programas de obras públicas para combater o desemprego. O *New Deal* procurou ir ao encontro das necessidades mais prementes dos trabalhadores, furtá-los à tentação revolucionária e conseguir o apoio popular para as suas políticas. Mas estas procuraram também satisfazer os (grandes) empresários, fazendo deles parceiros do estado no "governo da economia".
>
> Assumindo que a revolução tecnológica tornara inevitável o gigantismo; que não era possível continuar a confiar na concorrência para proteger os interesses sociais; que as grandes unidades eram uma oportunidade a aproveitar e não um perigo a combater; e que a fórmula para a estabilidade na nova sociedade deve ser combinação e cooperação sob uma autoridade federal ampliada, o New Deal veio organizar a economia em moldes corporativos, confiando às organizações profissionais a "administração" dos vários sectores da atividade económica, com poderes para elaborar e fazer aplicar coercitivamente regulamentos que determinam os limites e as formas de concorrência nos vários sectores[103].

Outrossim, o *Wagner Act*[104] significou um fundamento legal para a liberdade de organização dos trabalhadores sem que houvesse interferência dos empregadores, de modo que os operários passaram a ter garantias que preveniam a ação dos empresários que buscavam obstar direitos de organização e negociação coletiva dos trabalhadores.

Algumas medidas dos empregadores passaram a ser consideradas injustas nas relações de trabalho, por exemplo, recusar-se a negociar com os sindicatos, interferir em negócios sindicais, suprimir e limitar os processos de organização dos trabalhadores.

Além disso, o *Act* foi inovador por compelir os empregadores a aceitarem pacificamente a sindicalização das categorias profissionais, sem poderem intervir e impor obrigações para os sindicatos. A partir dele, as organizações sindicais foram legalizadas, estabelecendo-se a prática da negociação coletiva. Como consequência, houve a adesão maciça de trabalhadores, de modo que três milhões deles se sindicalizaram em 1933

[103] Avelãs Nunes, António José. O Estado capitalista, cit., p. 53-54.

[104] Disponível em: [http://www.ourdocuments.gov/doc.php?flash=true&doc= 67]. Acesso em: 9 fev. 2022.

e, duas décadas depois, houve um salto com cerca de quinze milhões de norte-americanos associados a entidades de classe[105].

O advento da Lei das Relações de Trabalho recebeu apoio do Congresso estadunidense, pois os parlamentares objetivavam proteger o comércio contra os efeitos das greves e boicotes. A intervenção estatal neste caso, algo não usual na conformação estatal dos EUA, também encontrou base na necessidade de a administração federal combater a depressão econômica.

Do ponto de vista das atividades sindicais, surgiu um aporte legal que favoreceu a negociação coletiva, consubstanciando, de certa forma, mecanismo de controle governamental das relações trabalhistas e, por outro lado, houve aproximação do movimento sindical em relação aos setores políticos.

Quanto à jurisprudência, a Suprema Corte passou a reverter a posição mais ortodoxa quanto à legislação social e trabalhista, em virtude de pressões do governo federal e do avanço do poderio dos sindicatos. Tal mudança de posicionamento se inicia com o reconhecimento da constitucionalidade do *National Labor Relations Act* no caso *NLRB versus Jones & Laughlin Steel Corp.*, de 1937.

Destarte, a atuação sindical começou em diferentes níveis. Primeiro avançou pelas negociações de contratos em geral e, em seguida, caminhou para obtenção de melhorias nas condições salariais, nas horas trabalhadas e demais condições de trabalho.

Há alguma discussão na doutrina americana sobre as razões do surgimento do *Wagner Act*. Para uma dada corrente, a legislação trabalhista surge a partir da efetiva intenção do Poder Público de proteger os trabalhadores. Outra corrente, por outro lado, afirma que a legislação de cunho trabalhista surgiu como parte de um plano arquitetado por líderes empresariais, e com o suporte estatal, cuja finalidade precípua era suplantar o radicalismo dos trabalhadores, criando meios de resolução de conflitos sob a supervisão estatal[106].

105 FORKOSCH, Morris D. **Union affairs. Labor Law**: a compilation of the Virgina Law Weekly Dicta, p. 23-24.

106 BALLAM, Debora A. The law as a constitutive force for change – part II: The impact of the nation labor relations act on the U.S. Labor movement. **American Business Law Jornal**, 32(3), p. 453-454. Esta mesma argumentação é utilizada por parte dos radicais que

Em 1938, surgiu o *Fair Labor Standards Act*, Legislação de Normas Básicas no Trabalho, que passou a estabelecer jornada semanal de quarenta horas, remuneração mínima por hora trabalhada e extra com adicional de 50% do valor da hora normal.

Essa legislação era reservada aos trabalhadores não sindicalizados que restavam na informalidade, de modo que seu advento não foi visto com bons olhos pelos sindicatos que visavam carregar mais trabalhadores para as suas estruturas.

Transposto o período da recessão e a Segunda Guerra Mundial, já dentro do período em que os Estados Unidos passam a se firmar como potência hegemônica mundial, surge o *Labor Management Relations Act* ou *Taft-Hartley Act* de 1947, com feições mais restritivas que o *National Labor Relations Act*, reduzindo o alcance da atividade dos sindicatos, regulando suas atividades e controlando o seu funcionamento.

Ademais, o *Taft Hartley Act* representou retrocesso para a atuação sindical, já que inseriu em seu contexto a questão das práticas injustas nas relações de trabalho (restritas à empresa, até aquele ponto), incluindo situações que interferissem na autonomia dos trabalhadores, negociações realizadas com má-fé ou procedimentos com mecanismos de pressão relacionados aos trabalhadores. Para tais situações, foram estabelecidas sanções aos sindicatos que infringissem as regras legais. Essa lei estabeleceu, ainda, maior liberdade negocial para o empregador.

O *Taft* determinou mediação e conciliação para conflitos trabalhistas, mecanismos de controle de greves nacionais de determinados setores, além de proibir a greve no serviço público.

O sistema legal trabalhista americano assenta suas bases no *National Labor Relations Act* e no *Taft-Hartley Act*. O modelo atual está estruturado sob seus paradigmas. Há determinação do espaço de atuação dos sindicatos e do papel da administração na resolução de conflitos de trabalho por intermédio da *National Relations Board* (NLRB), agência a quem compete apreciar administrativamente os litígios trabalhistas e dar cumprimento à legislação.

Além das leis mais abrangentes e importantes, alterações na ordem econômica e social determinam o advento de novas leis trabalhistas, que

entendem que a legislação protetiva ao consumidor, mesmo no Brasil, funciona como meio de manutenção da alienação do consumidor.

servem como adaptações do sistema a alterações conjunturais e à necessidade de incentivar a atividade econômica. Nessa perspectiva, destaca-se o *Work Hours and Safety Act* de 1962, legislação referente à Jornada de Trabalho e Segurança e o *Age Discrimation in Employment Contract Act* 1967, que trata de coibir a Discriminação Etária no Contrato de Emprego.

Os problemas sociais estão refletidos nas constantes alterações pelas quais passam as leis trabalhistas também nos Estados Unidos. O legislador procura coibir, por exemplo, o racismo. No *Civil Rights Act*, de 1964, houve a proibição de práticas discriminatórias no emprego, com o estabelecimento de esforços para instituir iguais oportunidades no trabalho.

A partir da década de 70 do século XX em diante, surgiram normas sobre temas específicos como: *Occupational Safety and Health Act* de 1970, que trata da Segurança e Saúde Ocupacional; o *Civil Service Reform Act* de 1978, que reforma o Serviço Civil; o *Pregnancy Discrimination Act*, também de 1978, que combate a Discriminação da Empregada Grávida; e o *American With Disabilities Act*, de 1990, sobre Proteção aos Deficientes Físicos.

3.6.2. *Atual ordenamento trabalhista dos Estados Unidos*

Há, hoje, um complexo de regulamentos a sujeitar as relações de trabalho nos Estados Unidos em âmbito federal e estadual.

Leis, regulamentos administrativos e decisões dos Tribunais (que não são divididos pelo critério da especialização em matéria trabalhista) têm importante papel na composição institucional, pois dispõem sobre os termos e as condições gerais do emprego como questões salariais, jornada de trabalho, proteção e segurança do trabalhador e benefícios trabalhistas.

Trata-se de legislação que tem sido moldada recentemente. No início do século XX não havia um sistema protetivo eficaz, de modo que alguma proteção aos trabalhadores ficava a cargo daquilo que havia evoluído no interior da própria *common law*, ou seja, das decisões judiciais que concediam aos trabalhadores alguns mecanismos protetivos contra a ação dos empregadores.

Como qualquer sistema jurídico centrado na liberdade da vontade, o sistema trabalhista norte-americano estava assentado na crença de que contratos de emprego por prazo indeterminado poderiam ser rescindidos a qualquer tempo, sem necessidade de indenização ao trabalhador.

A percepção de plena liberdade de contratação e despedida foi denominada de *at-will* ou *Wood's rule* e, segundo essa doutrina, salvo contratos por prazo determinado, não existe proteção da *common law* contra a despedida imotivada, de um modo geral.

A intervenção estatal na esfera trabalhista nos Estados Unidos se intensificou, condicionando a atividade da doutrina, lembrando, sempre, que houve a adoção de um modelo eminentemente liberal de relações de trabalho.

Nesse meio tempo, vários foram os avanços e retrocessos, cumprindo destacar, além dos já mencionados, a instituição do requerimento mandatório para prova de justa causa para despedida e penalização de empregado.

Quanto aos mecanismos de resolução de disputas trabalhistas que se estabelecem entre empregadores e empregados, pode se instaurar um procedimento administrativo previsto na legislação do *National Labor Relations Act* e que tramita junto ao *National Labor Relations Board* (NLRB)[107].

Essa agência representou uma das mais importantes instituições no desenvolvimento da legislação do trabalho norte-americana, pois teve forte papel na questão das garantias de auto-organização dos trabalhadores e, após o crescimento do poder sindical, passa mais proximamente a regular o papel sindical, com o objetivo de estabilizar as relações de trabalho.

Desse modo, com o advento do movimento sindical mais organizado, a agência federal altera suas feições institucionais, passando para uma posição de interlocutora e garantista de direitos dos trabalhadores, limitando e exigindo postura responsável por parte das entidades sindicais, o que foi confirmado com o advento do *Labor Management Relations Act* ou *Taft-Hartley Act*.

Nesse sentido, a agência tem acompanhado a expansão da legislação do trabalho. As normas iniciais *Wagner Act* e *Taft-Hartley Act* têm seus campos de atuação dilatados por novas normas e também pela atuação da agência quando ela, por exemplo, estende o âmbito de atuação da lei para categorias anteriormente excluídas, como os empregados dos

[107] Disponível em: [http://www.nlrb.gov/]. Acesso em: 30 ago. 2014.

correios (*Postal Reorganization Act*), empregados em universidades privadas não lucrativas, empregados em serviços de saúde.

Além disso, a agência federal também tem apreciado práticas trabalhistas injustas (*unfair*), configurando instância administrativa competente para receber, individualmente, reclamações e representações por parte de entidades sindicais e trabalhadores, quando ocorrerem práticas injustas por empregadores.

Para orientar suas atividades, a Agência tem combinado ações parecidas com a atividade jurisdicional e atividades de fiscalização do cumprimento da legislação, utilizando-se de vários instrumentos, inclusive com o uso das chamadas "injunções"[108] em algumas situações determinadas, mas, com frequência, as suas decisões são alteradas pelo Poder Judiciário.

Outra forma utilizada para solução de disputas ou negociações coletivas de cunho trabalhista nos EUA é a arbitragem. Muitos acordos contêm cláusulas que determinam que as disputas sejam resolvidas por esse método e, a fim de instrumentalizar esse processo, há um complexo sistema legal que direciona a arbitragem, inclusive, para os setores não sindicalizados.

A utilização de arbitragem é estipulada contratualmente para situações em que as partes precisem resolver suas diferenças em um sistema privado de resolução de conflitos, sem intervenção judicial, e podem agir com liberdade para determinar os limites da própria atividade de arbitragem, ampliando ou restringindo cláusulas que versem sobre a matéria.

Por meio da arbitragem, uma terceira pessoa neutra apresenta uma resolução final e vinculante para as partes sobre a questão posta em conflito. A estipulação do árbitro é feita por meio de método comum acordado entre as partes, muito embora, em geral, os contratos determinem que os árbitros sejam selecionados entre membros da *American Arbitration Association* ou do *Federal Mediation and Conciliation Service*. A quantidade de árbitros que tomarão a decisão também decorre do contrato.

O árbitro colhe as provas, ouve todos os argumentos levantados e, em seguida, decide o mérito da lide. Sua decisão será vinculativa para as

[108] Disponível em: [http://www.nlrb.gov/what-we-do/investigate-charges/10j-injunctions]. Acesso em: 01 mar. 2022.

partes e deverá, necessariamente, constituir-se em peça escrita, fundamentada, motivando as razões de determinada opção.

As partes podem se fazer representar por advogados ou podem atuar por meio de representante sindical ou representante da empresa. Os árbitros não precisam ser advogados – embora muitos sejam –, enquanto outros são formados em "relações industriais".

Por fim, saliente-se que a matéria está regulamentada no *Federal Arbitration Act* (FAA).

A arbitragem constitui, portanto, instância alternativa destinada à resolução dos conflitos entre capital e trabalho, bastante utilizada no modelo adotado nos Estados Unidos.

3.6.3. *Reflexões necessárias*

O modelo adotado pelos Estados Unidos configura um direito do trabalho que evoluiu a partir da formação liberal da economia do país, com forte carga privatística e que clama por maior intervenção do Estado e maior coletivização das decisões trabalhistas.

É, portanto, oposto ao grau de publicização atingido pelo direito brasileiro e tende a caminhar para a direção deste último.

Interessante salientar que um dado caráter instrumental é dado a essa intervenção estatal. Muitos acusam o mecanismo de servir como meio de imposição da vontade hegemônica do empresariado sobre os interesses de trabalhadores. É o argumento oposto àqueles que veem o Estado como um interlocutor capaz de sopesar interesses e intervir de modo eficaz na proteção dos trabalhadores.

Em outros termos: a utilização do Estado como ator relevante nas questões trabalhistas variará conforme o conteúdo ideológico que está por trás dos governos, o que torna mais importante ainda ter claro que o Estado deve atuar de forma a proteger os vulneráveis, no caso, os trabalhadores. Trata-se esta da única forma de equilibrar a desproporção que é causada pelo poder econômico, mesmo em países de forte tradição liberal.

Enquanto isso, o empresariado brasileiro defende menor intervenção do Estado nas relações trabalhistas e uma diminuição nos encargos, de modo a "otimizar" contratações e reduzir a carga trabalhista sofrida pelas empresas, salientando-se que nos EUA ainda há a luta por direitos econômicos do trabalhador já alcançados aqui. Reclamam, ainda, da atuação do Poder Judiciário brasileiro, tradicionalmente, protetivo.

A questão, portanto, merece forte reflexão antes de tomarmos a decisão de desonerar o trabalho, uma vez que a flexibilização das relações dessa natureza e a diminuição da carga trabalhista podem não repercutir na melhora das condições gerais dos trabalhadores, mas apenas facilitar que o capital procure novas formas de avanço em detrimento das condições de vida do cidadão.

Exemplo do supra-apontado ocorreu na Espanha em 2012, quando o parlamento espanhol aprovou norma que pretendia reduzir a burocracia trabalhista e diminuir os custos das contratações. O objetivo do governo era aumentar o número de pessoas contratadas, mas oferecendo um salário reduzido. Ressalte-se que a lei espanhola foi usada como referência para a reforma trabalhista realizada no Brasil em 2017[109].

Aliás, nos dois países o pretexto de tornar as contratações mais baratas para ampliar a geração de empregos fracassou. A consequência da retirada de direitos foi o aumento da precarização do trabalho e a criação de vagas mal remuneradas.

Reconhecendo o equívoco, a Espanha anunciou, no dia 4 de janeiro de 2022, a revogação da reforma trabalhista aprovada em 2012, após o aumento da taxa de desemprego no país. A proposta do Executivo foi ratificada pelo Congresso Espanhol no dia 3 de fevereiro de 2022, tendo como um dos principais objetivos frear contratações temporárias, que no final de 2021 respondiam por mais de um quarto das ocupações no país. O intuito é estimular a contratação por prazo indeterminado, além de ter suprimido a contratação "por obra ou serviço", equivalente ao "trabalho intermitente" da reforma brasileira de 2017.

Nesse espeque, a China fornece importante arsenal comparativo.

[109] Espanha desfaz reforma trabalhista liberalizante. Disponível em https://valor.globo.com/mundo/noticia/2022/02/04/espanha-desfaz-reforma-trabalhista-liberalizante.ghtml. Acesso em: 25 mar. 2022.

3.7. Direito e relações de trabalho na China

3.7.1. *Breve história do direito chinês*

O direito chinês, diferentemente dos direitos hindu e muçulmano, que são direitos estritamente religiosos, é acima de tudo um sistema jurídico integrado numa concepção filosófica, embasada no confucionismo[110].

> Como tal, conservou-se quase imutável durante dois milênios; mas, à face do direito de base filosófica que se exterioriza no respeito dos ritos (o *li*), os soberanos tentaram, com a ajuda dos legistas, impor um sistema jurídico baseado na lei (o *fa*), sobretudo na lei penal. A história do direito chinês é o antagonismo entre o *li* e o *fa*[111].

Há tendência histórica de evitar-se o processo, considerado desonroso por atentar contra a ordem natural, tendo em vista que culturalmente entendem que "é necessário procurar sempre o compromisso, a conciliação, a solução negociada que acomode uma e outra parte"[112].

> A originalidade do fenômeno jurídico no Ocidente é o resultado do alinhamento de uma série de elementos culturais. A noção de obrigação exigível por um sujeito, consubstanciada em atos jurídicos relacionais, que importam ao Direito na medida em que assumem objeto próprio, de significativa repercussão individual e social, estão na base de uma experiência normativa única. Na tradição chinesa, por outro lado, não encontramos em seus elementos originais essas mesmas noções, por razões culturais igualmente singulares. É a plataforma do ritualismo quem dirigiu a sua vida social. Há, mesmo, uma profunda rejeição em relação ao litígio e às formas de resistência. O rito, ao contrário do Direito, é totalizante em sua extensão, ocupa-se das atitudes, dissolvendo a ideia de sujeito, e prescinde de objetos previamente definidos[113].

[110] GILISSEN, John. **Introdução histórica ao direito**. Trad. António Manuel Hespanha. 2. ed. Lisboa: Fundação Calouste Gulbenkian, 1995, p. 108-109.

[111] Idem, Ibidem, p. 109.

[112] Idem, Ibidem, p. 111.

[113] POLIDO, Fabrício Bertini Pasquot; RAMOS, Marcelo Maciel. Trabalho, do conceito ao direito: entre a China e o Ocidente. In POLIDO, Fabrício Bertini Pasquot; RAMOS, Marcelo Maciel (Coordenadores). **Direito chinês contemporâneo**. São Paulo: Almedina, 2015, p. 215-252.

Com isso, o direito, historicamente, exercia papel secundário na vida social, cedendo lugar para a busca do consenso e conciliação, já que sempre foi dada mais importância à educação e à persuasão, em detrimento da autoridade e da coerção[114].

> Na concepção tradicional chinesa o direito não é excluído, mas é, dizem-nos, bom para os bárbaros: para aqueles que não têm nenhuma preocupação com a moral e a sociedade, para os criminosos incorrigíveis, para os povos de outras raças e para os estrangeiros que não participem da civilização chinesa. O povo chinês vive normalmente sem a preocupação do direito. Não se pergunta quais são as normas legais, nem comparece perante os juízes; regula as suas relações com outrem de acordo com a sua noção daquilo que é conveniente, sem reivindicar direitos, mas tendo em vista a conciliação e a harmonia[115].

Apesar da codificação levada a cabo após o advento da República, em 1912, que favoreceu a penetração dos direitos ocidentais,

> essa legislação não se impôs sobre as regras de convivência. Não só as leis são escassas, mas também a jurisprudência e a doutrina o são. É que a opção desse povo é pela solução dos litígios pela conciliação, e não via julgamento. Somente após a morte de Mao, em 1976, e a promulgação da Constituição de 1978, e com a intenção de a China efetivamente entrar no mercado internacional, é que o tímido processo legislativo ganhou proeminência[116].

A partir de 1930 buscou-se reforçar a legislação, com a edição da Constituição de 1931, do Código Rural de 1930, do Código de Processo Civil de 1932 e do Código Civil de 1929-1931 (que engloba também o direito comercial), que recebeu influência do Código alemão de 1900 e dos da Suíça, do Brasil e da então URSS. Mas a europeização do direito foi deveras superficial, já que "as leis novas permanecem letra-morta para a imensa maioria da população. Os próprios códigos consolidam a

[114] MACIEL, José Fabio Rodrigues e AGUIAR, Renan. **Manual de história do direito**, cit., p. 88-89.

[115] DAVID, René. **Os grandes sistemas do direito contemporâneo**, cit., p. 587.

[116] MACIEL, José Fabio Rodrigues e AGUIAR, Renan, cit., p. 89.

tradição chinesa, reforçando a tutela familiar e a autoridade do Estado, em detrimento do indivíduo"[117].

Com o advento da República Popular da China, em 19 de outubro de 1949, oriunda da vitória do Partido Comunista, dirigido por Mao Tsé-Tung, aderiu-se ao dogma marxista-leninista, mas não nos mesmos moldes da URSS, principalmente pelo repúdio histórico dos chineses ao princípio da legalidade[118].

> Promulgaram-se na China, depois de 1949, poucas leis. Isto não se deve à situação revolucionária na qual se encontrava a China, nem à impossibilidade de formular regras que rapidamente seriam ultrapassadas pelos acontecimentos. Deve-se bem mais à alergia tradicional dos chineses pelas fórmulas de arestas definidas do direito. Tal como as leis, também não existe, na China, jurisprudência: poucos acórdãos do Supremo Tribunal foram publicados e a noção de precedentes obrigatórios é desconhecida. Não existe também doutrina. Entretanto, após a morte de Mao, em 1976, ocorreu uma mudança. Após a promulgação da Constituição de 1978, assiste-se a um movimento legislativo[119].

No que concerne à legislação trabalhista chinesa, tema a ser abordado em mais detalhes no próximo item, grande avanço deu-se a partir de 2007, com a aprovação da nova Lei de Contrato de Trabalho (Novo Código do Trabalho), que substituiu a de 1994. Após intensas discussões, a nova legislação foi aprovada em junho de 2007 e entrou em vigor a partir de janeiro de 2008. Entre os dispositivos constantes no texto legal destaca-se o que determinou a obrigatoriedade de contrato escrito após a vigência de, no máximo, 30 dias de trabalho.

> A Lei de 2007 trouxe limites para o começo do trabalho e prevê duas sanções em caso de não cumprimento: um salário em dobro e uma presunção de duração indeterminada. Em caso de não celebração de contrato escrito um ano após o início do trabalho, o empregador faltoso se vê obrigado a pagar ao empregado um salário em dobro pelos 11 meses

[117] Gilissen, John. **Introdução histórica ao direito**, cit., p. 113.

[118] David, René. **Os grandes sistemas do direito contemporâneo**, cit., p. 592-593.

[119] David, René. **Os grandes sistemas do direito contemporâneo**, cit., p. 600.

passados sem contrato escrito e vê o CDD [contrato por tempo determinado] requalificado em CDI [contrato por tempo indeterminado][120].

3.7.2. *Relações de trabalho na China*

Diante da pujança econômica e suas peculiaridades políticas, ainda relacionadas à Revolução Maoísta de 1949, de origem marxista, a China afigura-se importante "laboratório" de análises sociopolíticas e tem sido objeto de críticas internacionais, por conta da precariedade dos contratos de trabalho e condições a que os trabalhadores são submetidos, com baixos salários, condições inadequadas de saúde e segurança, jornadas de trabalho extensas etc., entretanto obteve sucesso em relação à superação da miséria, tendo praticamente superado essa mazela social, como mostra o gráfico a seguir[121].

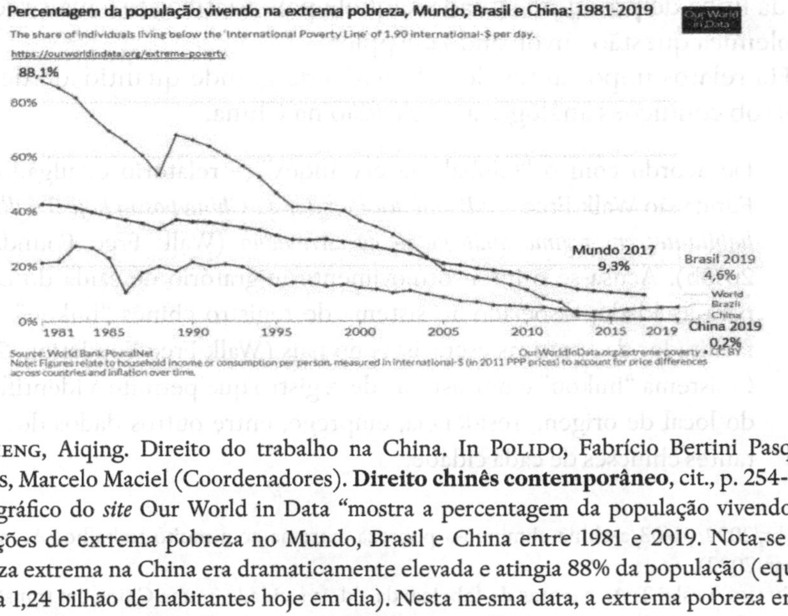

[120] ZHENG, Aiqing. Direito do trabalho na China. In POLIDO, Fabrício Bertini Pasquot; RAMOS, Marcelo Maciel (Coordenadores). **Direito chinês contemporâneo**, cit., p. 254-255.

[121] O gráfico do *site* Our World in Data "mostra a percentagem da população vivendo em condições de extrema pobreza no Mundo, Brasil e China entre 1981 e 2019. Nota-se que pobreza extrema na China era dramaticamente elevada e atingia 88% da população (equivalente a 1,24 bilhão de habitantes hoje em dia). Nesta mesma data, a extrema pobreza era de cerca de 40% no mundo e algo em torno de 20% no Brasil.

Ao longo das últimas quatro décadas a pobreza extrema foi reduzida no mundo para 9,3% em 2017, para 4,6% no Brasil em 2019 (equivalente a quase 10 milhões de brasileiros) e para somente 0,2% na China em 2019 (equivalente a 2,8 milhões de chineses). Ou seja, a extrema pobreza na China em 2019 apresenta um índice apenas residual e para uma população de 1,4 bilhão de habitantes significa que a China retirou mais de 1 bilhão de pessoas da miséria, contribuindo para a redução da pobreza global" (ALVES, José Eustáquio Diniz Alves. A China eliminou a pobreza extrema com muito trabalho. Disponível em: https://www.ecodebate.

Há relatos contundentes sobre a situação dos trabalhadores naquele país, tais como as histórias de moças chinesas que buscam trabalho em fábricas localizadas nos grandes centros urbanos[122], o caso dos protestos suicidas de trabalhadores e as péssimas condições de trabalho nas fábricas de produtos tecnológicos do sul do país, o que levou à movimentação da Apple, gigante do setor tecnológico[123].

Os fatos que chegam ao conhecimento público mundial demarcam certa preocupação das empresas ocidentais ao investirem na China, uma vez que a cobiçada mão de obra mais barata carrega riscos gravíssimos, como exploração do trabalho infantil, escravização[124], má remuneração, sobrecarrega de horário, inserção em ambientes degradantes de trabalho.

Por conta disso, há cautela ao se investir na China desde situações conhecidas como o caso da Nike[125], entre as décadas de 1980 e 1990, que criou arranhões na imagem da empresa, por maus tratos aos trabalhadores da linha de produção situada naquele país asiático até a mais recente e polêmica questão envolvendo a Apple.

Há relatos importantes de submissão de grande quantidade de pessoas sob condições análogas à escravidão na China:

> De acordo com o "Global Slavery Index", – relatório divulgado pela Fundação Walk Free – *a República Popular da China possui hoje 3 milhões de habitantes em regime análogo ao de escravidão* (Walk Free Foundation, 2013b). Acusa-se o intenso movimento migratório de saída do campo para a cidade, associado ao sistema de registro chinês "hukou", como facilitador das práticas escravistas no país (Walk Free Foudation, 2013). O sistema "hukou" é um sistema de registro que permite a identificação do local de origem, residência, emprego, entre outros dados dos habitantes chineses de cada cidade.

com.br/2022/01/03/a-china-eliminou-a-pobreza-extrema-com-muito-trabalho/. Acesso em: 10 mar. 2022).

122 CHANG, Leslei T. **As garotas da fábrica**: da aldeia à cidade, numa China em transformação. Rio de Janeiro: Intrínseca, 2010.

123 Sobre o assunto: [http://www.wsws.org/pt/2012/jan2012/chpt-j20_prn. shtml]; [http://www.dailymail.co.uk/news/article-2092277/Apple-Poor-working-conditions-inside-Chinese-factories-making-iPads.html#ixzz1kwsK6uD1].

124 Sobre trabalho escravo: [http://greenme.com.br/viver/trabalho-e-escritorio /126-6-multi nacionais-envolvidas-com-trabalho-escravo-e-exploracao-infantil].

125 Disponível em: [http://www3.ethos.org.br/cedoc/as-empresas-e-o-desafio -do-combate -ao-trabalho-escravo/#.U9vDO_ldWCk]. Acesso em: 30 jul. 2014.

Ao saírem da zona rural ou da cidade natal para a zona urbana ou para outra localidade, os migrantes passam a perder os direitos concedidos pelo "hukou" e tornam-se ilegais, fato que acaba por viabilizar sua escravização (Ouriques e Andrade, 2009). *O trabalho compulsório, a exploração sexual e o tráfico de pessoas são hoje as principais formas de escravidão moderna praticadas no país* (Walk Free Foundation, 2013b).

Apesar de ter reconhecido a maioria dos tratados importantes elaborados pela Organização Mundial do Trabalho acerca da abolição da escravidão, até hoje, a China não ratificou acordos de suma relevância como a Convenção Sobre a Escravatura de 1926 e sua Convenção Suplementar de 1956, além do Pacto Internacional Sobre Direitos Civis e Políticos (Walk Free Foundation, 2013b). No geral, existem quatro principais leis penais direcionadas para lidar com a escravidão moderna na China, a saber: o artigo 358 sobre a prostituição forçada, Seção 240 sobre o Tráfico de Mulheres e Crianças, Seção 241 sobre compra de Mulheres e Crianças, e Seção 244 sobre trabalho forçado (Walk Free Foundation, 2013b). Além disso, existem leis específicas contra o trabalho infantil (menores de 16 anos) e contra a exploração e a prostituição destes. Por sua vez, o tráfico humano, porta de entrada para outras formas de exploração, é combatido principalmente pelo Ministério Público do Trabalho (DRL, 2013b; Walk Free Foundation, 2013b). *É válido ressaltar que, embora tenha leis contra o trabalho forçado, a China possui um regime próprio de punição que envia indivíduos a campos de trabalho forçado sendo estes obrigados a cumprir pena de até 4 anos* (Walk Free Foundation, 2013b). Alvo de muitas críticas, no final de 2013, o país anunciou o fim do programa de reeducação pelo trabalho forçado nesses campos. Ademais, outra medida notória do governo chinês contra a exploração diz respeito à modificação e à implementação das leis trabalhistas, conseguindo reduzir e auxiliar as vítimas de exploração (DRL, 2013b)[126]-[127]. (Grifamos.)

[126] OIT, Sinus 2014. Disponível em: [http://sinus.org.br/2014/wp-content/uploads/2013/11/OIT-Guia-Online.pdf].

[127] Algumas práticas hediondas são reproduzidas por imigrantes chineses em outros países. Veja-se investigação recente do Ministério Público do Trabalho no Rio de Janeiro: http://lanyy.jusbrasil.com.br/artigos/180434305/ministerio -publico-do-rio-de-janeiro-investiga-trabalho-escravo-e-identifica-pastelaria-chinesa-que-abatia-cachorro-para-usar-como-recheio-de-pastel].

Diante da visão internacional negativa, o governo de Pequim tem dado maior importância à proteção dos direitos dos trabalhadores[128], o que pode ser sentido no âmbito legislativo, pela adoção de metas de longo prazo em matéria trabalhista (1995-2010), que foram convertidas em diversas leis como: Lei de Promoção ao Trabalho, Lei do Contrato de Trabalho, Lei dos Contratos Coletivos de Trabalho, Lei da Remuneração do Trabalho, Lei de Segurança e Saúde Laboral e Lei da Seguridade Social. Tais leis possuem caráter eminentemente protetivo, procurando promover a harmonia social e coibir abusos contra os trabalhadores[129].

Todavia, não se deve olhar a história dos direitos trabalhistas na China com a mesma régua que estamos acostumados no Ocidente, haja vista uma série de especificidades culturais.

> O conceito contínuo de trabalho lançado na experiência oriental é fruto e parte da totalidade ritual, sem gerar uma normatividade própria. Assim, de maneira geral, o tema da proteção ao trabalho humano vai se situar nas reflexões da assimilação global da juridicidade na China, por uma "ocidentalização" progressiva. Ao mesmo tempo, há algumas especificidades nodais. A ideia de sujeito, individual e coletivo, e de resistência pelas vias jurídicas (e para a formação delas) são elementos que [...] se potencializam na normatização do trabalho humano no Ocidente, sobretudo após a modernidade[130].

Além disso, a China está preocupada em participar mais ativamente de organismos mundiais que tratam do trabalho, desde a entrada do país, como membro, na Organização Internacional do Trabalho – OIT, em 1983, o que o torna signatário de acordos internacionais e convenções que tratam de assuntos relevantes, como descanso semanal e igualdade de remuneração entre homens e mulheres.

Nesse contexto de aderência a acordos e convenções internacionais, lembre-se de que a China acolheu mudanças em sua legislação:

> De todo modo, por fatores diversos, passa-se por um período de avanços notáveis nas questões do trabalho. Seja pelo crescimento da mobilização

[128] ALLARD, Gayle e GAROT, Marie-Jose. The impact of new labor law in China: new hiring strategies for foreign firms? **Revista de Direito GV.** São Paulo, jul./dez. 2010.

[129] Idem, Ibidem.

[130] POLIDO, Fabrício Bertini Pasquot; RAMOS, Marcelo Maciel. Trabalho, do conceito ao direito: entre a China e o Ocidente., cit., p. 215-252.

interna ou pelas pressões internacionais, a legislação trabalhista expandiu sensivelmente as proteções em matéria individual. Nesse sentido, a atual lei geral dos contratos de trabalho, que entrou em vigor no ano de 2008, tem escopo amplo de incidência, disciplina com certo detalhe princípios gerais do Direito do Trabalho, a contratualização obrigatória, elementos centrais na dinâmica de celebração, cumprimento e término do contrato de emprego, uma tipologia contratual (contratos a tempo parcial, de prazo determinado), além de acordos coletivos, fiscalização do trabalho e responsabilidades trabalhistas. Pode, em escala internacional, ser classificada de protetiva. Os impactos desse quadro normativo do século XXI já são significativos, com a expansão do emprego formal, a despeito de ainda permanecerem problemas de efetivação.

A evolução dos padrões remuneratórios é fator, igualmente, de enorme expressão, em um quadro de evolução sólida no combate à pobreza extrema, que tem no alargamento da proteção social e no Direito do Trabalho uma via de protagonismo[131].

Luis Fernando Cordeiro sintetiza e destaca as principais disposições do novo ordenamento trabalhista chinês em referência:

> (...) a partir de 1º de janeiro de 2008, passou a vigorar a nova lei trabalhista na China (Novo Código do Trabalho), sendo esta lei mais um dos vários reflexos do processo de modernização pela qual o país vem passando nos últimos anos.
>
> Não obstante a antiga lei trabalhista chinesa, que vigorou até o ano passado, ser bem protecionista (bem mais que a brasileira nos vários aspectos supramencionados), a atual lei traz várias inovações ainda mais benéficas aos trabalhadores, como:
>
> – obrigatoriedade de formalização de um contrato escrito, por tempo determinado, dispondo em detalhes as regras desta relação (inclusive as regras e regulamentos de empresa);
>
> – a não observância da obrigatoriedade em epígrafe no primeiro mês de trabalho (em qualquer relação de trabalho), o trabalhador poderá pleitear em dobro o seu salário a partir do segundo mês;

[131] Polido, Fabrício Bertini Pasquot; Ramos, Marcelo Maciel. Trabalho, do conceito ao direito: entre a China e o Ocidente, cit., p. 246-247.

– o próprio trabalhador pode entrar com ação, o que antes só podia ser feito por intermédio dos sindicatos;

– garantia de emprego, pela qual nenhum trabalhador pode ser demitido antes do término do contrato de trabalho, salvo por justa causa (incompetência comprovada, violação grave das regras internas, negligência e fraude);

– se a empresa renovar por duas vezes o contrato de trabalho, este passa a ser por tempo indeterminado e o trabalhador adquire estabilidade;

– no caso de demissão, a nova lei prevê o pagamento de indenizações, como aviso prévio de um mês e um salário para cada ano de contrato completado, até o máximo de 12 salários;

– possibilidade de contratos de estágio por tempo máximo de seis meses;

– o trabalhador só pode ser sujeito a um único período probatório de um único empregador, sendo que, neste período probatório, o salário não poderá ser inferior a 80% do contrato salarial;

– as reclamações trabalhistas devem passar por uma espécie de "comissão de conciliação prévia", denominada de "Labour Dispute Arbitration Commite" (LDAC), para somente depois, se dirigirem à Corte Distrital[132].

Logo, sob o ponto de vista formal, a regulação do mercado de trabalho chinês tem sido rígida[133], mas substancialmente há aplicação moderada das leis trabalhistas, sobretudo nas províncias mais afastadas, principalmente por conta do interesse dos governos locais em assegurar a atração e a retenção de investimentos empresariais. Em outros termos: enquanto o governo central procura coibir os abusos, os governos locais costumam ser coniventes com a exploração que, paradoxalmente, é alimentada pelo governo central que tem um sistema de recompensas e punições para aqueles governos locais que promovam ou deixem de promover a economia das respectivas regiões[134].

[132] Cordeiro, Luis Fernando. China cria normas trabalhistas rígidas. Disponível em https://www.conjur.com.br/2009-fev-24/china-ignora-flexibilizacao-cria-normas-trabalhistas-rigidas. Acesso em: 17 mar. 2022.

[133] Idem, ibidem.

[134] Fligstein, Neil; Zhang, Jianjun. A new agenda for research on the trajectory of Chinese capitalism. Management and organization review, v. 7, março de 2011. Disponível em:

A flexibilização é, teoricamente, rechaçada por não haver previsão legal a permiti-la; a permissão que há é no sentido de existir liberdade quanto aos termos e condições do contrato de trabalho, desde que não conflitem com garantias legais, sob pena de incorrer em nulidade[135]. Allard e Garot[136], inclusive, consideram que formalmente a proteção dos direitos dos trabalhadores na China pode ser considerada mais protetiva, altamente reguladora e mais rígida que a legislação dos Estados Unidos ou da Alemanha.

Ademais, a lei que versa sobre contratos de trabalho[137] é crucial na regulação do trabalho, pois as demais normas que tratam das relações de trabalho se baseiam em seu conteúdo e são complementares a ela. Essa lei regulamenta o início, o cumprimento e a rescisão do contrato de trabalho; duração da jornada; repouso; remuneração; segurança e saúde laborais; especificidades do trabalho feminino; treinamento; seguridade social e solução de conflitos etc. A legislação é aplicada e fiscalizada pelo Ministério do Trabalho e da Seguridade Social e por suas respectivas representações locais[138].

Como dito anteriormente, há obrigatoriedade de um contrato escrito, assinado por empregador e empregado, que deverá conter, ao menos: qualificação das partes, prazo de duração, descrição das funções a serem desempenhadas, local de trabalho, carga horária, período de descansos, remuneração e compensações, condições de trabalho, riscos ocupacionais, regras de seguridade social e proteção ao trabalhador. As partes podem ainda convencionar período probatório, forma de treinamento, confidencialidade, seguro suplementar e outros benefícios[139].

[http://sociology.berkeley.edu/sites/default/files/faculty/fligstein/MOR%20paper%20on%20China.pdf]. Acesso em: 30 jul. 2014.

135 Brown, Ronald C. Understanding labor and employment law in China. Disponível em: [http://repository.law.umich.edu/cgi/viewcontent.cgi?article=1128&context=law_econ_current]. Acesso em: 30 maio 2014.

136 Allard, Gayle e Garot, Marie-Jose. The impact of new labor law in China: new hiring strategies for foreign firms? **Revista de Direito GV**. São Paulo, jul./dez. 2010.

137 **Law of the People's Republic of China on employment contracts**. Disponível em: [http://www.npc.gov.cn/englishnpc/Law/2009-02/20/content_1471106.htm]. Acesso em: 30 jul. 2014.

138 Idem, ibidem.

139 Idem, ibidem.

Se o contrato não for assinado em um mês, o trabalhador pode pleitear pagamento em dobro e, se deixar de ser formalizado em um ano, requerer que seja configurada relação de trabalho por prazo indeterminado[140].

São permitidos contratos de trabalho por prazo determinado sem limitação máxima, como ocorre no Brasil, apesar da existência do Comunicado de 1996, emitido pelo Ministério do Trabalho, que versa sobre implantação do sistema de contrato de trabalho, e, posteriormente, da Lei do Trabalho, que determina que alguns trabalhadores podem solicitar que a contratação siga o regime dos contratos por tempo indeterminado. É o que acontece com trabalhadores, teoricamente por prazo determinado, que trabalharam por mais de quinze anos para o mesmo empregador (neste período, incluindo-se o período probatório), caso as partes acordem em renovar o contrato; ou nos casos daqueles que trabalharam por longo período para o empregador e encontram-se em vias de aposentadoria, considerando-se menos de cinco anos da idade da aposentadoria por idade, que é, em regra, aos sessenta anos para os homens e cinquenta e cinco anos para as mulheres[141].

Diferentemente do esquema teórico brasileiro e sendo comum a falta de precisão e clareza da legislação chinesa, as lacunas são preenchidas pelos governos locais por meio de regulamentações específicas, por isso as diferenças na aplicação da lei em cada região do país[142].

A tradição chinesa tem modos de entender o trabalho alheios àqueles sentidos filosóficos e sociais que o Ocidente gerou conceitualmente. Essas referências repercutem na forma como o ato de trabalhar se desenvolve, desde a relação dos indivíduos para com as tarefas desempenhadas, o papel do grupo e da família, a valia social do trabalho e as condições materiais nas quais ele se desenvolveu e se desenvolve[143].

140 Idem, ibidem.

141 Idem, ibidem.

142 Baker e Mckenzie. **China employment law guide.** Disponível em: [http://www.bakermckenzie.com/files/Uploads/Documents/North%20America/DoingBusinessGuide/Dallas/br_china_employmentlawguide_13.pdf]. Acesso em: 30 maio 2014; Allard, Gayle e Garot, Marie-Jose. The impact of new labor law in China: new hiring strategies for foreign firms? **Revista de Direito GV.** São Paulo, jul.-dez. 2010.

143 Polido, Fabrício Bertini Pasquot; Ramos, Marcelo Maciel. Trabalho, do conceito ao direito: entre a China e o Ocidente, cit., p. 217.

Em contratos de trabalho com prazo determinado cujo período de duração seja de três meses a um ano, o período de prova não poderá ultrapassar um mês; em contratos cujo prazo seja de um a três anos, o mesmo período de prova não deve ultrapassar dois meses; já em contratos com prazo superior a três anos, a prova não poderá durar mais que seis meses. Também é importante destacar que em uma mesma empresa, numa idêntica posição funcional, somente é permitido um período probatório para o empregado, ou seja, não pode, em novo contrato assinado, ser reconduzido a período de experimentação[144].

A jornada diária é de oito horas e quarenta e quatro horas semanais e o período de descanso semanal pode ser livremente acordado entre as partes, com a ressalva de não poder ser inferior a um dia por semana.

Caso o trabalho tenha como base de cálculo a produtividade do trabalhador, haverá sujeição a um limite razoável não definido pela legislação, dentro do período correspondente à carga horária padrão[145]. A norma tem conteúdo aberto por não determinar a limitação específica, mas é cediço que não poderá ultrapassar a jornada convencional de oito horas, pois o contrário trairia o bom senso. Ressalte-se que, no caso de horas extras, a legislação permite até 36 horas de tempo adicional por mês.

Em situações específicas que requeiram tratamento especial, como para o trabalhador noturno, os mineradores, os trabalhadores que tenham contato com materiais tóxicos ou perigosos, além da trabalhadora que esteja encarregada de cuidar de filhos menores de um ano, a jornada diária deverá ser reduzida entre uma até duas horas ao dia.

Desde que haja aprovação das autoridades (há controle estatal nesse sentido), o empregador poderá estipular períodos especiais de trabalho, por conta de circunstâncias de produção ou em razão da natureza do trabalho nos seguintes casos: jornada de trabalho flexível para administradores sêniores, representantes comerciais, transportadores de longa distância e taxistas, e jornada com base no ciclo semanal, mensal, quadrimestral ou anual, a ser utilizada para os encarregados de atividades contínuas ou que trabalhem em indústrias sujeitas a limitações naturais

144 **Law of the People's Republic of China on Employment Contracts**. Disponível em: [http://www.npc.gov.cn/englishnpc/Law/2009-02/20/con tent_1471106.htm]. Acesso em: 30 jul. 2014.

145 Idem, ibidem.

ou sazonais, como na produção agrícola (novamente, frise-se que a média de horas trabalhadas deve ser igual à carga padrão)[146]. A extensão da jornada diária somente é possível com negociação com sindicatos e trabalhadores e por conta de necessidades de produção.

Já as horas extras normalmente não podem exceder uma hora por dia de trabalho e, em casos especiais, é possível negociar a extensão da jornada de trabalho em até três horas por dia, ou trinta e seis horas mensais, desde que seja possível aferir que não há perigo para a saúde do trabalhador. A doutrina noticia casos de jornada de dez horas diárias com folga esporádica aos sábados ou domingos[147].

Os trabalhadores são remunerados pelas horas extras com base nos seguintes adicionais: 1) hora extra em dias comuns: adicional mínimo de 150%; 2) hora extra em dias de folga, se a folga não for realocada, adicional mínimo de 200%; 3) hora extra durante as férias: mínimo de 300% dos rendimentos convencionais.

Conforme definição expressa do Ministério do Trabalho, são considerados trabalhadores em jornada parcial de trabalho todos aqueles estiverem sob contrato de trabalho que preveja jornada em média de quatro horas diárias ou vinte e quatro horas semanais. A eles aplicam-se algumas normas especiais.

Em primeiro lugar, há a possibilidade de o empregado assumir mais de uma relação de trabalho. Também há possibilidade de reconhecimento de contrato verbal de trabalho, se o período for inferior a um mês. As regras do período probatório não são aplicadas. Há, ainda, a possibilidade de rescisão com aviso-prévio sem tempo mínimo definido[148].

Existe uma previsão de licença de longo prazo, a ser utilizada em caso de doença ou lesão, não relacionada diretamente com a atividade de trabalho, cujo tempo varia de acordo com os anos trabalhados em relação ao mesmo empregador, mas, de um modo geral, corresponde ao período entre três e vinte e quatro meses[149], e a remuneração correspon-

146 Idem, ibidem.

147 Chang, Leslei T. **As garotas da fábrica**: da aldeia à cidade, numa China em transformação. Rio de Janeiro: Intrínseca, 2010.

148 Law of the People's Republic of China on employment contracts. Disponível em: [http://www.npc.gov.cn/englishnpc/Law/2009-02/20/content_1471106.htm]. Acesso em: 30 jul. 2014.

149 Brown, Ron. China labor dispute resolution. Disponível em: [http://www.fljs.org]. Acesso: em 30 mar. 2012.

dente será acordada entre as partes ou fixada por ordem da autoridade local, em porcentagem nunca inferior a 80% do salário-mínimo local.

Saliente-se que, na China, a subsistência do empregado durante o período de licença não será suportada pelo Estado, tal como ocorre no Brasil, sob a responsabilidade do INSS.

Com relação às férias anuais, há previsão na legislação chinesa de concessão de período de descanso anual remunerado, passado um ano de trabalho. Esse assunto é controverso nas relações de trabalho daquele país. Normalmente, o período de descanso não ultrapassa duas semanas e é bastante confundido com período de comemoração de feriados nacionais, momento em que é concedido. Eventuais aumentos de período dependem do cargo ocupado e das obrigações do trabalhador, bem como de suas qualificações e do tempo de experiência[150].

Há, ainda, licenças especiais de cunho matrimonial, por luto e maternidade. Neste último caso, a licença será de noventa dias com cumprimento de quinze dias antes do parto e setenta e cinco dias posteriores ao evento natalício.

Havendo complicação no parto, ou nascimento de bebês múltiplos, pode-se acrescer mais quinze dias. Em caso de aborto, há previsão de concessão de licença que variará entre quinze e quarenta e dois dias. A legislação chinesa contempla também a licença-paternidade.

Além disso, a licença-paternidade é possível em virtude das legislações locais, mas não há norma de caráter nacional que trate do assunto[151].

Existe liberdade de associação sindical, direito a aposentadoria, seguro-saúde que cobre doenças e lesões relacionadas ou não ao ambiente de trabalho, seguro-desemprego e maternidade[152].

A legislação prevê a justa causa como motivo determinante para a dispensa do trabalhador quando não for caso de término do prazo nos contratos por prazo determinado, finalização das condições estabelecidas em contrato de trabalho ou no caso de comum acordo entre empregado e empregador. Há causas diferentes em relação à legislação brasileira: ausência de qualificação necessária, desde que esta qualificação

150 Idem, ibidem.

151 CHINA. Law of the People's Republic of China on employment contracts. Disponível em: [http://www.npc.gov.cn/english npc/Law/2009-02/20/content_1471106.htm]. Acesso em: 30 jul. 2014.

152 Idem.

esteja claramente presente como determinante à contratação, no momento em que as partes firmem o contrato de trabalho e outras causas similares às nossas, como no caso de violação às regras e aos regulamentos da empresa; por cometimento de crimes, tal qual roubo, que causem danos graves ao empregador; firmação de contrato de trabalho com outro empregador, de modo que afete o desempenho das funções; utilização de fraude ou ardil com o intuito de causar rescisão ou alteração do contrato de trabalho. Nos casos acima é necessária a notificação prévia do trabalhador a fim de dar-lhe ciência.

Também autorizam a dispensa: incapacidade de realização das tarefas, depois de concedida licença médica por doença não relacionada com o trabalho; incapacidade de realização das tarefas, mesmo depois de ter se submetido a treinamento ou transferência para outro cargo; mudanças radicais nas condições de execução do contrato que impossibilitem o cumprimento; motivos persistentes depois de tentativas de ajuste. Em tais situações, será necessária a notificação prévia acerca do término do contrato de trabalho, com "aviso-prévio" de trinta dias ou mediante o pagamento do equivalente a um mês de salário como forma de compensação[153], em moldes similares ao nosso aviso-prévio.

Os acometidos por doenças ocupacionais, ou aqueles que não passaram por avaliação satisfatória, não podem ser demitidos, havendo receio de que tenham contraído enfermidade em razão da atividade laboral. O mesmo se aplica a quem esteja em fase de reconhecimento de diagnóstico ou sob observação médica; quem comprovadamente perdeu, total ou parcialmente, a capacidade de trabalho por motivo de doenças ou lesões decorrentes de atividade laboral; mulheres durante gestação, licença-maternidade ou que tenham bebês sob seus cuidados.

Outra proibição importante se refere à impossibilidade de dispensa imotivada em relação àqueles que tenham trabalhado por mais de quinze anos para o mesmo empregador, ininterruptamente, ou que estejam a cinco anos de completarem tempo para a aposentadoria por idade.

Há previsão, também, quanto à demissão coletiva, reservando-se a expressão para pelo menos 10% da força de trabalho da empresa. Em tais casos, o empregador deve explicar aos empregados e aos sindicatos respectivos as razões para a tomada de tal decisão com antecedência de

[153] Idem.

trinta dias, ouvindo as opiniões destes, antes de qualquer decisão final e, também, deve comunicar as autoridades.

Ainda quanto a este aspecto, a lei considera como causas que justificam a dispensa coletiva de funcionários: 1) o plano de recuperação judicial; 2) dificuldades operacionais ou de produção; 3) modificações no processo produtivo por introdução de nova tecnologia ou revisão do modelo de negócios, desde que haja negociação com os funcionários; 4) mudanças econômicas de relevo no tempo de assinatura dos contratos de trabalho, de modo a impossibilitar seu cumprimento[154].

A introdução de novas tecnologias, como é possível verificar, é razão para a demissão coletiva reconhecida por lei. Embora seja necessário o debate com o corpo produtivo da empresa, é certo que essa previsão legal abre espaço para enxugamentos periódicos no quadro de funcionários das empresas. A preocupação com as pessoas acaba em segundo plano, em homenagem aos avanços progressivamente rápidos da tecnologia.

A preocupação com o caráter humano da questão da dispensa coletiva ganha tanta importância, não somente no item avanço tecnológico x dispensas coletivas, que mesmo a lei não exigindo intervenção estatal em tais casos, tem havido requerimentos públicos para efetivação de dispensas coletivas, especialmente perante as autoridades locais, com escândalos sobre trabalho escravo[155].

No direito do trabalho chinês há arbitragem compulsória de caráter estatal, não sendo admitida a arbitragem privada. Dessa forma, a mediação é bastante presente na conformação do sistema de solução de conflitos.

A lei prevê que o empregador *pode*, aqui utilizado o verbo *poder* como faculdade, criar um conselho do trabalho, formado por representantes da empresa, dos empregados e do sindicato, para solução de conflitos trabalhistas[156].

As partes, *ab initio*, são incentivadas a procurar a composição amigável do conflito, por negociação e consultas mútuas. Ao se observar que

[154] Idem.

[155] ALLARD, Gayle; Marie-José GAROT. The impact of new labor law in China: new hiring strategies for foreign firms? **Revista de Direito GV**, São Paulo, jul./dez. 2010, p. 527-540.

[156] BROWN, Ronald C. Understanding labor and employment law in China. Disponível em: [http://repository.law.umich.edu/cgi/viewcontent.cgi?article=1128&context=law_econ_current]. Acesso em: 30 maio 2014.

não houve composição, existem normas tendentes a estipular os procedimentos que as autoridades responsáveis tomarão para solucionar as controvérsias.

> Os caminhos da civilização chinesa na vivência do trabalho conduzem a um horizonte de percepções vasto e verdadeiramente original. Como no caso ocidental, a ideia de um enigma serve igualmente bem para qualificar o quadro da formulação de uma compreensão de trabalho na China e suas correlações na dinâmica da vida em sociedade. Trata-se, contudo, de um enigma um tanto diferente daquele experimentado pelo Ocidente. Tomando como ponto de partida a ideia de uma ordem espontânea do mundo, a congregar de maneira ritual coisas e pessoas, a questão na China é, sobretudo, de compreender a relação do trabalho com essa ordem cósmica imanente, bem como as medidas da valorização social que daí decorre, no ritmo, ainda, de profundas transformações históricas. Proximidades e distâncias para com o Ocidente se alternam, e identificá-las é tarefa sensivelmente dificultada por algumas imprecisões e projeções acumuladas pelas leituras ocidentais[157].

Em suma, no passar das décadas, nota-se que a China fez progressos importantes em relação ao desenvolvimento social e econômico globais. Destaca-se aqui o desenvolvimento do sistema de administração do trabalho, que inclui as reformas no Direito do Trabalho, a promoção do emprego, a segurança social e as relações de trabalho.

3.8. Análise dos sistemas jurídicos supradescritos

O capítulo foi iniciado com a análise dos dois sistemas jurídicos mais proeminentes do Ocidente; de um lado, o sistema continental da *civil law*; e de outro, o sistema inglês da *common law*.

A partir daí foi possível verificar um processo de aproximação entre esses dois sistemas que tem ocorrido desde o século XIX e, mais marcantemente, no final do século XX e início do XXI.

Em seguida, lançou-se nova análise a fim de observar alguns fenômenos dos sistemas trabalhistas dos Estados Unidos da América e da

[157] POLIDO, Fabrício Bertini Pasquot; RAMOS, Marcelo Maciel. Trabalho, do conceito ao direito: entre a China e o Ocidente, cit., p. 227-228.

China. De um lado a tradição liberal e, de outro, a formação de um país que passou por revolução de cunho socialista, mas que tem sido acusado de desfavorecer as relações de trabalho que acontecem em seu interior, com intensos atentados a Direitos Humanos e que tem, nas últimas décadas, lutado para modificar essa visão mundial.

Analisamos, portanto, sistemas trabalhistas de países com configurações de políticas econômicas diversas, sendo possível observar que as disputas e os problemas são próximos em ambos.

De um lado, os americanos preconizam uma aproximação com sistemas sociais mais afastados do liberalismo, buscando encontrar maior proteção ao trabalhador em um ambiente concorrencial bastante difícil. As políticas eminentemente liberais não deram conta das demandas sociais, e a saída tem sido uma aproximação com a origem do *Welfare State.*

A China, por outro lado, com raízes políticas oriundas da revolução comunista de 1949, mas produzindo uma política econômica bastante diversa daquela que foi utilizada pela antiga União Soviética, busca planejar sua inserção no mundo capitalista, concorrendo fortemente na produção de produtos industrializados. Além do que, padece também do problema populacional conhecido por todos. Do ponto de vista das relações trabalhistas, cria um arcabouço jurídico protetivo que busca acabar com a desconfiança internacional quanto à utilização de mão de obra escrava e em situação que atenta à dignidade humana. Mas essa legislação, apesar dos esforços, parece criar uma dualidade entre a pretensão do direito e a realidade do país. Esses casos mundiais podem nos fornecer diferentes interpretações.

A primeira interpretação a ser levantada, fará referência ao fato de que não são pequenas modificações nas estruturas do Direito, com caráter meramente adaptativo, simplificativo que são suficientes para legitimar a visão perversa da aproximação dos principais sistemas jurídicos do mundo.

A análise comparativa entre países como Estados Unidos e China leva-nos à conclusão de que há aspectos que devem ser aperfeiçoados em todos os países. Há, na verdade, uma orientação dos próprios povos no sentido daquilo que lhes parece faltar, aspectos dissonantes dos demais, mas os problemas se parecem bastante.

Ademais, os americanos procuram maior segurança nas relações trabalhistas diante de um mercado bastante liberal, com intervenção mínima do Estado, que foi o berço das principais organizações empresariais do planeta que dirigem os avanços do capitalismo globalizado, mas que, por outro lado, nasceu e se desenvolveu segundo perspectivas menos protetivas em relação aos contratos firmados entre essas empresas e os cidadãos que vendem sua mão de obra em troca de salário.

O Brasil, por exemplo, parece caminhar para responder às questões globais de: *como pode o Direito interno e, mais especificamente, o Poder Judiciário, lidar com a demora na tomada de decisões jurídicas que influenciam no fluxo comercial do país?*

A simplificação do sistema e a sua aproximação com a *common law* estão por trás da necessidade de ser mais ágil no cenário comercial mundial e passar maior segurança aos investidores externos.

Segurança também parece ser uma palavra importante para a China, que se adapta ao mercado capitalista mundial, com sua população imensa, mas ainda possui a necessidade de demonstrar que age de acordo com os padrões mínimos de respeito aos direitos humanos, mantendo as relações de trabalho distanciadas do trabalho escravo. As análises sobre a legislação trabalhista chinesa apontam para certa similaridade com as legislações de outros países, de forma até mais protetiva do que países tradicionalmente preocupados com o direito do trabalho. *Mas até que ponto há uma efetiva aplicação dessa legislação?* A pergunta ainda precisa ser respondida pelo país em relação aos demais atores internacionais.

Ao falar da mudança de paradigmas provocada pelo fim do *jus publicum* europeu, culminando no século XIX, Carl Schmitt assevera:

> À concepção dominante de um universalismo global não espacial correspondia uma realidade no âmbito da economia, que era distinta do Estado, ou seja, um comércio mundial e um mercado mundial livres, com livre circulação de ouro, capital e trabalho. Desde o Tratado de Cobden, de 1860, o pensamento econômico liberal e o caráter global do comércio eram considerados naturais para o pensamento europeu, tornando-se senso comum. Já vimos que as deliberações e os resultados da Conferência do Congo, de 1885, foram dominados pela crença na liberdade da economia mundial. Os numerosos obstáculos e restrições à economia liberal que já se manifestavam naquele momento, como barreiras aduaneiras e outros protecionismos, eram consideradas meras exceções que não punham em dúvida o progresso perpétuo e seu resultado final.

> A posição predominante da Inglaterra e o interesse desse país no comércio mundial e no tráfego marítimo livres representavam uma sólida garantia para essa visão de mundo. A cláusula de nação mais favorecida em tratados consulares, comerciais e de licenciamento parecia ser um veículo privilegiado desse progresso econômico na direção de um mercado unificado. Em suma: acima, abaixo e ao lado das fronteiras políticas dos Estados, traçadas por um direito das gentes de aparência puramente interestatal e político, estendia-se o raio de ação de uma economia livre, ou seja, não estatal, uma economia *mundial*. A ideia de uma economia mundial livre não somente continha em si a transposição das fronteiras políticas dos Estados, mas implicava também, como pressuposto essencial, um padrão para a constituição interna de cada um dos membros dessa ordem do direito das gentes; pressupunha que cada membro introduziria em seu Estado um mínimo de ordem constitucional [*konstitutioneller Ordnung*]. Tal mínimo consistia na liberdade, isto é, na separação entre uma esfera estatal pública e uma esfera privada, e, sobretudo, na não estatalidade da propriedade, do comércio e da indústria[158].

Havia, portanto, o prenúncio da época que passamos a nomear como "era da globalização".

Com efeito, o mercado e a economia nunca foram efetivamente domados pelo Estado e por seu prosélito mais potente: o Direito.

Essa lógica, inclusive, releva a problemática levantada pelos marxistas, no sentido de que Estado e Direito são superestruturas fundadas para sustentar a Economia, pois ela nunca foi refém desses dois sujeitos que se desenvolveram ao seu lado.

Segundo o pensamento de Carl Schmitt, é possível perceber que a realidade ocidental pós-Revolução Industrial caminha para maior percepção de uma economia livre, desvinculada dos limites de um único Estado e das amarras que o direito interno traria.

Essa mesma lógica sustenta a participação dos Estados Unidos da América no cenário mundial a partir de então. Nação símbolo da liberdade de mercado, os Estados Unidos conseguiram lugar de destaque no

158 SCHMITT, Carl. **O *nomos* da Terra no direito das gentes do *jus publicum europaeum*.** Rio de Janeiro: Contraponto/PUC-Rio, 2013, p. 252-253.

mundo a partir da articulação entre ações de Estado e ações de suas corporações em direção ao restante do planeta.

As corporações são responsáveis pela aquisição de bens no interior dos países que recebem suas estruturas, pelo aporte de capitais e captação de trabalhadores nesses locais. A relação que se cria a partir daí é de dependência do mercado interno no que tange às empresas, mas sem que a bandeira nacional e as questões de Estado do país de origem sejam postas em primeiro plano. Questões como nacionalidade dos trabalhadores, por exemplo, são de segundo plano, pois o que importa, nesse cenário, é a eficiência profissional e não a nacionalidade de cada qual, muito embora ainda exista certa rejeição em relação aos trabalhadores oriundos dos países pobres que redundam, por exemplo, nos inúmeros conflitos sobre o livre trânsito na União Europeia, por exemplo[159].

No decorrer do século XX, o liame entre o cidadão com algum país era relevante no momento de sua contratação profissional, especialmente diante das atribulações pelas quais o mundo passou durante esse século. A questão foi diminuindo em grau de importância ao final do século XX e tem se tornado cada vez menor à medida que avança o processo de globalização.

Os pontos cruciais passaram a ser a capacitação do trabalhador e o custo da mão de obra[160]. Inclusive, há de se notar certa condescendência da

[159] Simioni, Fabiane. A livre circulação de pessoas na união europeia e a reunificação familiar: um estudo sobre políticas de controle migratório. **RIDB**, Ano 2 (2013), n. 13. Disponível em: [http://www.idb-fdul.com/uploaded/files/ 2013_13_15769_15814.pdf].

[160] Note-se que a ideia de mover a produção para os lugares em que a mão de obra é mais barata e, consequentemente, os direitos trabalhistas são mais vilipendiados é um problema antigo e permanente. Luís Fernando Cordeiro relata que a conquista de mais direitos pelos trabalhadores chineses enseja o aumento do custo da mão de obra naquele país, causando queixas por parte das empresas, que declaram ser mais vantajosa a mudança de suas fábricas para países em que ainda não asseguram tais direitos trabalhistas, como Índia e Vietnã. Os direitos sociais, e mais especificamente os dos trabalhadores, não podem ser reduzidos a uma questão de custo. Referindo-se especificamente ao Brasil, Lazzarin assevera que "é totalmente equivocado pensar o direito do trabalho como obstáculo ao desenvolvimento de um país com nossas peculiaridades e características". Nesse ponto, Luís Fernando Cordeiro é enfático: "não são os direitos mínimos trabalhistas que encarecem os preços dos produtos nacionais em face o mercado internacional, mas sim a excessiva carga tributária imposta pelo Estado, dificultando desta forma o necessário crescimento de países como o nosso". Adverte Sarlet que a efetividade dos direitos sociais como fundamentais "é um compromisso de todos, Estado e sociedade, e o êxito na sua concretização pressupõe a superação das

posturas maniqueístas e fundamentalistas, assim como o abandono do tão difundido jogo do 'empurra-empurra', que assola o cenário político nacional".

As trajetórias das mudanças técnicas e os novos paradigmas de produção e organização do trabalho vêm revolucionando o perfil do trabalhador e as relações de produção, conforme estudo de Baiardi e Mendes sobre a inovação tecnológica no trabalho. Conforme os autores, os efeitos dessas mudanças – potencializadas por novos *clusters* de inovações em processos, produtos, técnicas gerenciais etc. – têm adicionalmente sido devastadoras sobre os empregos ditos diretos pelas seguintes razões: (a) redução do uso de componentes de produtos através do crescente uso de microcomputadores; (b) emprego da automação robótica; (c) intensificação do uso de aparelhos eletrônicos em substituição aos mecânicos; (d) banalização da informação; e (e) um aumento mais que proporcional da produtividade em relação à demanda agregada. Além das inovações que *stricto sensu* podem ser consideradas tecnológicas, surgem as gerenciais como a flexibilização funcional (trabalhadores ocupantes de postos estáveis desempenhando várias funções) e a flexibilização numérica (fazer gravitar em torno de um núcleo um número muito maior de trabalhadores temporários), que reforçam a tendência ao desemprego estrutural e que ensejam novas relações de trabalho para os trabalhadores que permanecem diretamente ligados às plantas industriais.

Alguns autores juslaboralistas, como Jorge Luiz Souto Maior, arrolam a globalização entre as causas nefastas da precarização das condições de trabalho, advertindo que é necessário ter mente que "que os direitos sociais são o fruto do compromisso firmado pela humanidade para que se pudesse produzir, concretamente, justiça social dentro de uma sociedade capitalista", e que "quebrar esse pacto significa, portanto, um erro histórico, uma traição com nossos antepassados e também assumir uma atitude de descompromisso com relação às gerações futuras".

Os direitos trabalhistas, ligados diretamente à dignidade da pessoa humana como os garantidos pela Declaração da Organização Internacional do Trabalho sobre os Princípios e Direitos Fundamentais no Trabalho (Genebra, 18.06.1998), têm natureza de direitos humanos.

Na linha contemporânea de universalização dos direitos sociais dos trabalhadores, os acordos e tratados internacionais com os organismos internacionais, como os que reconhecidos junto à Organização Internacional do Trabalho, se tratam de avanço significativo para países como a China (vários países dos chamados "tigres asiáticos" ainda estão bastante atrasados nesse sentido), mas também cabe a advertência de que de nada adianta aceitar a internacionalização dos direitos humanos sem acatar a interpretação internacional dos órgãos previstos nos próprios tratados já ratificados, pois não é suficiente assinalar formalmente os direitos previstos no direito internacional, e interpretar os casos com base no seu estatuto normativo de cunho constitucional, gerando o "fla-flu" jurídico na expressão cunhada por André de Carvalho Ramos.

Todavia, os direitos humanos relacionados com o trabalho não recebem da comunidade internacional o mesmo tratamento dispensado aos demais direitos humanos civis e políticos, tanto no momento de lhes reconhecer como parte essencial no desenvolvimento, como no momento de sua efetivação, conforme destaca Patrícia Gonçalves dos Santos em estudo detalhado sobre o tema, concluindo que "é visível que as violações dos direitos dos trabalhadores não sensibilizam a opinião pública mundial como sensibilizam, por exemplo, as violações dos direitos civis: um prisioneiro torturado causa mais debate na comunidade internacional do que um trabalhador escravizado". O tratamento diferenciado dado aos direitos humanos relacionados com o trabalho, em detrimento aos direitos civis e políticos, realmente não é mais aceitável que continue assim. Consoante fundamenta a autora, "a dignidade de um homem não é apenas ter direito à proteção da família, mas também o direito de sustentá-la. Do que adianta o direito à vida se o homem não tem condições de mantê-la. Para que ter direito à nacionalidade se o Estado não é capaz de reprimir os abusos do empregador".

É necessário que avancemos na efetivação dos direitos trabalhistas no âmbito internacional. A falta de um mecanismo dotado de força e capaz de fazer valer suas decisões, no âmbito da organização internacional específica no assunto, a Organização Internacional do Trabalho – OIT, assim como sua dificuldade de fiscalizar os Estados aderentes ao seu sistema normativo contribuem para a não efetivação dos direitos relacionados ao trabalho no âmbito internacional.

Também é necessário que se inicie um diálogo entre os tribunais internos e os tribunais internacionais. Dito de outro modo, a internacionalização dos direitos humanos não pode ser restrita a tratados: a interpretação deles também deve ser internacional, rumo ao desiderato da concretização real da universalização dos direitos humanos, há tanto tempo preconizada, mas ainda muito pouco efetivada pelos Estados.

A plena aplicação prática das normas de direito internacional, em benefício de todos os seres humanos, dependerá em grande parte o futuro do direito internacional, avançando o processo de humanização do direito internacional, que passa a se ocupar mais diretamente da realização de metas comuns superiores, conforme adverte Antônio Augusto Cançado Trindade.

Quando da sua atuação, a Corte Interamericana de Direitos Humanos realiza o controle de convencionalidade, no qual são apreciados todos os dispositivos internos, inclusive as normas constitucionais originárias do país em análise, sendo aferida a compatibilidade destes com os textos internacionais de direitos humanos.

Esse é o papel da Corte Interamericana de Direitos Humanos. E o Brasil já reconheceu da jurisdição da Corte Interamericana Americana de Direitos Humanos (Decreto Legislativo 89/1998 e Dec. 4.463/2002). Note-se que a República Federativa do Brasil se rege nas suas relações internacionais pelo princípio da prevalência dos direitos humanos (art. 4º, II, da CF/1988). Assim, o STF, os Tribunais Superiores e os juízos locais também devem zelar pelo cumprimento dos dispositivos convencionais e expurgar as normas internas que conflitem com as normas internacionais de direitos humanos.

Dentro dessa linha de universalização do direito do trabalho em meio à globalização da economia e à nova ordem econômica e social, Arnaldo Sussekind lembra a necessidade de intervenção básica do Estado nas relações de trabalho e conclui com uma proposta de solução ao mesmo tempo humanizadora e corresponsabilizadora: "É preciso que a fase de transição nos conduza a um novo renascimento. O dos séculos XV e XVI fizeram do homem o centro de todas as coisas. Hoje, no entanto, o alvo deve ser a humanidade, com reconhecimento dos direitos coletivos, difusos e abrangentes, a exigir a corresponsabilidade global para consecução da tão sonhada Justiça Social" (Coimbra, Rodrigo. Globalização e internacionalização dos direitos fundamentais dos trabalhadores. **Revista de Direito do Trabalho**, vol. 146, p. 411. São Paulo: RT, abr. 2012).

comunidade internacional com países cuja condição de trabalho é bastante rudimentar. Não raras vezes, a produção em massa das grandes corporações se instala nesses países periféricos ou contrata empresas terceirizadas sediadas nesses locais com o intuito de baratear o custo da produção.

Mesmo países pretensamente socialistas como a China se utilizam desses mecanismos para reduzir os gastos com mão de obra e produção.

A lógica reservada para os espaços do "mar" e de "além-mar", citada por Carl Schmitt no decorrer de **O *nomos* da Terra**, espaço destituído de limites jurídicos, em que cada qual pode fazer o que quiser para apossar-se de bens de valor, sem interferências estatais, ainda continua válida.

O cuidado nesse período conturbado de alterações globais deve ser redobrado, pois como decorre da leitura do texto supracitado, a liberdade que o mercado e a economia almejam pode nos conduzir a desequilíbrios nas relações humanas que, ainda, encontram no Estado certa retaguarda.

Visões opostas, marxistas e liberais, portanto, encontram certa relutância no que concerne ao Estado. Algumas entendem que o Estado é legitimador dos excessos da Economia, para quem trabalha incessantemente. Para outros, o Estado é justamente o oposto, pois limita o comércio que deveria atuar livremente.

Em outras palavras, o Estado atual e seu Direito agem a contragosto das visões sociopolíticas mais marcantes da sociedade mundial. Desagradando a ambos, devem continuar a realizar suas tarefas, de forma a conduzir a humanidade para o progresso, no sentido da evolução, da redução das desigualdades e da marginalidade.

De qualquer modo, a expansão sobre espaços destituídos de *nomos*, em termos schmittianos, não é a realidade contemporânea. Não há mais que se falar em situações como as vividas ao tempo das grandes expansões colonialistas, ao menos naquela escala e com aquela conformação.

Em interpretação de caráter mais epistemológico, é possível questionar se a aproximação entre os sistemas corresponde a alterações dos *paradigmas científicos* (παράδειγμα) que estruturam cada um deles.

A questão dos paradigmas científicos remete a autores como Thomas Kuhn[161] e Jörn Rüsen[162] e às indagações sobre instantes em que a ciência

[161] KUHN, Thomas. **A estrutura das revoluções científicas**. 7. ed. São Paulo: Perspectiva, 2003.

[162] RÜSEN, Jörn. **Razão histórica**. Brasília: UnB, 2011. Coleção Teoria da história, v. 1.

normal é abalada por momentos de revolução científica, em que a denominada [r]evolução determina o abandono de uma estrutura teórica até então praticada e sua substituição por outro modelo mais atual, por vezes, incompatível com o anterior.

"Crises científicas" como as de afirmação do direito contemporâneo, portanto, conduzem a períodos de abandono dos velhos paradigmas científicos, com a consequente adoção de novos.

Ao longo dos séculos, o Direito tem se desenvolvido[163] de diferentes maneiras, nas diversas culturas ocidentais, obedecendo a dois sistemas principais: o sistema da *common law* e o sistema da *civil law*. Em determinado momento, eles cindiram-se, um passando a ser regulado com base em precedentes e o outro na legislação codificada.

A comparação entre os sistemas em geral e em relação às questões trabalhistas demostra que as crises se apresentam nos dois sistemas relacionados ao Direito, e os juristas tentam manter os paradigmas científicos até então adotados, aplicando-se tais pressupostos com o objetivo de solucionar problemas. Socorrem-se dos princípios básicos dos sistemas.

Quando mencionamos problemas críticos, não estamos diante de meras dificuldades que não chegam a configurar verdadeiras crises, mas de situações anômalas que representam problemas sérios para um paradigma, e inicia-se um período de insegurança acentuado.

A complexidade aumenta[164] quando um eventual paradigma novo e diferente passa a rivalizar com o anterior. Nesses casos, os cientistas adeptos de cada um deles tenta manter-se independentemente do outro. Ocorre que, em determinado momento, em meio à crise, os adeptos começam a aderir às soluções do outro, o que configura "uma troca gestáltica"[165] ou "conversão religiosa".

A "conversão" poderá não se traduzir em superioridade do novo paradigma em relação ao anterior, porquanto a adesão aos seus postulados pode não ter ocorrido por um fator único.

O ponto fundamental, no caso da aproximação dos dois sistemas jurídicos, é saber se ela configura mudança de paradigma e se o fenômeno beneficia o plano jurídico pátrio. Nesse sentido, outras reflexões surgem.

[163] Termos utilizados por Thomas Kuhn.

[164] Idem, p. 131.

[165] Expressão que vem do alemão (*Gestalt*), que significa transformação (KUHN, Thomas. **A estrutura das revoluções científicas**. 7. ed. São Paulo: Perspectiva, 2003).

Em termos de teoria dos sistemas, a abordagem de aproximação entre os sistemas jurídicos pode conduzir a um processo de "entropia" entre ambos, que nada mais significa que a troca de informações e expedientes recíprocos, tendentes a igualar ambos os sistemas, em uma analogia (transportada da física para a teoria do direito) com a segunda lei da termodinâmica, mencionando que a energia tende a se dividir por igual, de modo que o sistema alcance equilíbrio térmico.

A função social entregue ao direito é de difícil realização, pois, de acordo com elementos da cibernética e da física[166], o sistema social tende à **instabilidade interna (esgarçamento da forma)**[167] diante da complexidade e da contingência cada vez maiores no período atual.

Os sistemas lidam com expectativas (seleções inerentes à variação de possibilidades, suscetíveis de desapontamento) dos mais diversos matizes, contingentes e conforme seus interesses particulares, que aumentam diante da complexidade do mundo.

Na sociedade e nos sistemas que a compõem, as promessas se intercruzam infinitamente, formando expectativas sobrepostas, também sujeitas a desapontamento, mas que devem ser mantidas, ou seja, garantidas por dizerem respeito à manutenção do próprio sistema. Diante dessa necessidade de garantir algumas expectativas em detrimento de outras, é que surge o fenômeno da *institucionalização* das expectativas, que designa o "grau em que as expectativas podem estar apoiadas sobre expectativas de expectativas supostas em terceiros"[168].

O direito surge como o sistema responsável por reduzir as expectativas, fornecendo estabilização a elas no plano normativo ou garantindo ao sistema social que haja generalização congruente dessas expectativas; que elas sejam mantidas em patamares satisfatórios para a manutenção do sistema em sua totalidade.

A normatização significa a possibilidade de uma segunda redução da complexidade por meio da seleção, *i.e.*, se as normas alcançam o objetivo de generalizar coerentemente as expectativas sociais, os comportamentos que a elas se referem tornam-se passíveis de receber restrições advindas de uma segunda decisão tomada sempre de acordo com as normas[169].

[166] Dos quais Luhmann extrai fundamentos para a teoria autopoiética.

[167] Há constante ameaça de **entropia** do sistema social.

[168] GIRALDI, Dacio. **Direito, legitimação e disciplina**: intersecção Foucault e Luhmann, 1993.

[169] Sobre seletividade e normatividade em Luhmann, explica Pilar Giménez Alcover in **El derecho en la teoría de la sociedad de Niklas Luhmann**. Barcelona: Bosch, 1993:

Celso Campilongo explica que o sistema do direito explora as diferentes acepções que versam sobre determinados fatos conflituosos entre si, com a finalidade de formar e reproduzir expectativas comportamentais generalizadas de modo coerente, adequado[170]. Generalizá-las significa, em última instância, imunizá-las contra a contingência externa, ou seja, estabilizá-las frente às intempéries em três dimensões distintas: 1) temporal; 2) social; e 3) material.

O direito contribui para a diminuição da complexidade social, com a utilização de suas próprias estruturas internas (como normas, instituições e corpos profissionais) para alcançar o objetivo de simplificar e selecionar as alternativas de comportamentos desejáveis que são postas à disposição dos indivíduos[171].

A ideia de seleção emerge nesse ponto. Artificialmente o direito seleciona a realidade fática a que dará prioridade, aquela em que há possibilidade de atualização, sempre atentando para a luta pela manutenção da sociedade, de acordo com o código imutável que serve para *marcar* as fronteiras entre sociedade e sistema jurídico.

Quando falamos em aproximação entre dois sistemas sociais, observamos que ambos, em ambientes sociais diferentes, estão lidando com expectativas que precisam ser equacionadas.

As expectativas sociais se equivalem, embora o ambiente social seja diferente entre os países, de modo que as soluções para reduzir esse problema acabam sendo parecidas, o que justificaria o fenômeno da "entropia" e a "aproximação sistêmica".

"La posibilidad del cambio de las normas, o de algunas normas, obliga a buscar criterios de selección. Si la norma es producto de una selección ¿cómo o por qué se ha seleccionado?. Esta es la función que según Luhmann cumple la idea o el principio de justicia. Este simboliza la unidad del derecho y por tanto la congruencia de la generalización de las expectativas normativas. Pero con ello se están sentando ya las bases que permitirán avanzar un paso más en este desarrollo del derecho y que conducirán a un sistema jurídico como el actual que se caracteriza por su total positivización y por ser un sistema diferenciado funcionalmente en el seno de la sociedad, un sistema autopoiético. Los apartados siguientes están dedicados a analizar las características del derecho moderno partiendo de su elemento principal: la positividad" (p. 237).

[170] Campilongo, Celso Fernandes. **Direito e democracia.** 2. ed. São Paulo: Max Limonad, 2000, p. 81.

[171] Idem, ibidem.

Por outro lado, tanto a questão da mudança de paradigmas quanto a suposta entropia sistêmica podem levar a outras reflexões. Vejamos.

A abertura para uma nova explicação pode estar no ponto que os autores que lidam com a visão fechada de sistema, em especial, a teoria dos sistemas autopoiéticos, tentam afastar: a incursão de um sistema em outro pode corromper os fatores de comunicação interna deste, admitindo--se elementos estranhos a ele em seu interior.

Essa possibilidade foi aventada por José Eduardo Faria, no sentido de que a OIT estaria por trás das modificações nos sistemas trabalhistas de países, ora guiando alguns para a agenda de preocupações parecida com a dos Estados Unidos, ora orientando outros para os anseios que a China tem apresentado. No final das contas, essa interferência tende a aproximar os sistemas trabalhistas dos diversos países[172]-[173].

Há, portanto, o que Dreifuss tratou como parificação, ou unificação mundial das estruturas sociais que, na visão dos marxistas, serve para tornar possível o modo capitalista de produção, e o direito de certos países também caminha nessa direção.

Não é de hoje que os americanos e europeus reclamam, por exemplo, da conformação jurídica brasileira, da morosidade de nosso Poder Judiciário, e atribuem a esse aspecto certa dificuldade na manutenção das relações internacionais comerciais mantidas com os brasileiros.

Também aqui, a ligação e interdependência econômicas resultam de um cenário mundial que caminha para a imbricação dos capitais globais. Carlos Maria Gambaro explica:

> "O modelo neoliberal da livre concorrência havia encontrado seus limites na cooperação empresarial, uma vez que, em virtude da magnitude das empresas concorrentes, ou então, diante da impossibilidade de concorrência entre várias empresas de pequeno porte, ou entre estas e uma gigante, tal liberdade competitiva se apresentava desvantajosa ou até impraticável. Além disso, vários setores da economia já estavam

[172] Disponível em: [https://www.youtube.com/watch?v=YiPmiIhrOm4]. Acesso em: 30 ago. 2014. Ver questão do direito em fluxo.

[173] Documentos que tratam de relações de emprego são ainda tímidos no que concerne ao conteúdo, como, a Recomendação 198/2006, disponível em: [http://www.oit.org.br/content/relativa-%C3%A0-rela%C3%A7%C 3%A3o-de-trabalho]. Acesso em: 30 de ago. 2014.

> interligados. Através da cartelização as ordens e estratégias de desenvolvimento de uma empresa eram transmitidas às demais através das diversas e intrincadas redes de contratos de cooperação e atuação conjunta das quais elas faziam parte"[174].

O processo de globalização econômica marca o apogeu das relações econômicas internacionais, assim, o comércio internacional apresenta mais um componente de aprofundamento do fenômeno de interligação das economias nacionais e regionais. Além disso, o processo de integração entre Estados caminha rapidamente, de modo a facilitar as relações negociais econômicas.

No contexto dessa percepção, também os direitos nacionais acabam por passar por processos de aproximação.

Esse processo e aprofundamento de instância pode ser comparado ao processo de integração de empresas adquiridas pelos grandes conglomerados econômicos internacionais.

Em um primeiro momento, as estruturas gerais das empresas são mantidas, mas, logo em seguida, inicia-se o processo de incorporação das empresas adquiridas, de acordo com os padrões estipulados pela "empresa-mãe".

O fim almejado é adaptar a empresa adquirida ao grupo econômico, à sua conformação e aos seus interesses e objetivos, independentemente de qualquer fator externo ou ideologia.

Assim também é no ambiente macroeconômico. Sob a inocente vestimenta da aproximação para o cumprimento de determinados objetivos e de participar ativamente do comércio e da economia globais, podem os países ser "obrigados" a compor suas estruturas internas sob a conformação determinada pelos países centrais. No plano político, temos um processo de sacralização de determinado modelo de democracia cujas se bases assentam na economia liberal.

A situação pode ser encarada sob a ótica de Pietro de Jesús Lora Alarcón, para quem há a formação de uma "sociedade internacional", que

> "está conformada pelo relacionamento entre sociedades nacionais, cada uma delas organizada politicamente e à procura de seus objetivos pri-

[174] Gambaro, Carlos Maria. Globalização das economias: análise do pensamento de Guy Sormon. **Revista de Direito Constitucional e Internacional**, São Paulo, v. 33, out. 2000.

mários. Sendo assim, as metas que orientam a sociedade internacional são as mesmas que orientam as sociedades particularmente definidas, ou seja, a proteção da vida dos seres humanos; a regulação dos conflitos, territoriais ou de qualquer outro sentido, a partir do diálogo e a cooperação e, finalmente, a regulação do cumprimento dos tratados e acordos internacionais que expressam os relacionamentos. A configuração da sociedade internacional supõe, então, a criação de uma ordem, uma pauta geral de comportamento de seus protagonistas. Descortinar juridicamente as relações internacionais consiste em abrir o cenário para detectar o cumprimento dessa ordem que acoberta na prática a todos os seres humanos e que, como toda ordem, encontra seu fundamento em valores embutidos na consciência coletiva de seus atores. Isto é perfeitamente compreensível se levamos em conta que, desde sempre, a luta da humanidade constituída como sociedade internacional consiste em garantir sua própria segurança, preservando valores universais, dentre eles, talvez sejam os mais significativos, a dignidade da pessoa humana, os direitos humanos, a democracia e o respeito à lei"[175].

Essa interpretação caminha no sentido de que uma sociedade internacional seria ambiente propício à consecução de objetivos e valores comuns aos seres humanos.

Mas o contraponto argumentativo reside nas incertezas sobre quem efetivamente determina esses valores! É claro que são imposições dos países centrais, com restritas possibilidades de variações. Fica a dúvida se, efetivamente, forem tomadas as relações dessa forma, haverá benefícios a todas as partes envolvidas ou, no final das contas, os detentores da ciência e da tecnologia mais avançadas é que terão os maiores lucros e maiores avanços. São dúvidas cujas respostas parecem distantes. Com relação ao Direito, a aproximação entre sistemas jurídicos diversos pode conduzir a um processo de adoção de um modelo único, à revelia de toda tradição que reveste o direito continental. Esse ponto pode configurar a evolução final do sistema jurídico que conduziria a um modelo único que "venceria" no campo da evolução "natural" da sociedade, ou

[175] Alarcón, Pietro de Jesús Lora. Constituição, relações internacionais e prevalência dos direitos humanos. **Revista de Direito Constitucional e Internacional**, São Paulo, v. 57, out. 2006.

pode representar certa conformação e submissão aos detentores de conhecimento/capital, que teriam melhor condições de impor seu modelo de compreensão da realidade jurídica. Fora da questão das estruturas e superestruturas sociais de Marx e de toda a corrente marxista, a questão pode ser observada também sob o ponto de vista das funções sociais.

4. TECNOLOGIA, RELAÇÕES DE TRABALHO E DESEMPREGO NA SOCIEDADE GLOBALIZADA

4.1. Tecnologia, comunicação e informações na nova sociedade global

Ao analisar as articulações das grandes instituições que formam o sistema de produção globalizado, Dreifuss descortina os vínculos que são estabelecidos entre as diversas corporações e o modo como elas alimentam as chamadas "tecnognoseonomias" e os "polos motores de desenvolvimento tecnológico e de produção".

Investiga as mutações tecnológicas e aprofunda dois conceitos que havia elaborado em *A época das perplexidades*: de um lado o sentido de "capacitador teleinfocomputrônico satelital" e, de outro, os "tecnobergs".

Para o "capacitador teleinfocomputrônico satelital", demonstra que, como potência, o capacitador alimenta as descobertas científicas, constituindo-se em potente viabilizador de um "novo modo de produção" e de "novas organizações sociais da produção", "sinergeticamente transnacionalizados" e atuando de modo global.

Afirma que, a partir de sistemas de comunicação digital, o planeta foi introduzido em uma nova forma de existência que supera os limites espaciais, propiciando mobilidade e agregação social e, facilitando, no caso de alguns grupos sociais, a vinculação sistemática, constante, ampla e profunda daqueles que eram considerados distanciados por diferenças de personalidade, cultura e, também, geografia. Essa forte interação da comunicação digital, por outro lado, promove segregação de alguns outros grupos que ficam alijados das relações globais.

Os sistemas comunicacionais tornam-se manifestações que ocorrem dentro dos perímetros nacionais, mas que são capazes de transcender as fronteiras como eventos desterritorializados, desempenhando papel essencial, insumo produtivo e produto final, ou instrumento de produção e operador atuante em tempo real.

Seu traço marcante é a difusão em curto espaço de tempo em nível mundial, utilizando altas tecnologias aplicadas em diversas atividades pelo planeta, já amalgamadas à existência humana, afetando todas as funções societárias.

A comunicação está, portanto, no comando das atividades quotidianas, de modo que o "capacitador teleinfocomputrônico satelital", vislumbrado por Dreifuss, delineou outro paradigma cognitivo para a humanidade.

Por sua vez, os *tecnobergs* passam a determinar os processos materiais de modificação dos horizontes e sentidos da vida, ao reformularem as relações entre os Estados, delineando, além de uma nova "heterotopia"[176] econômica transnacional, uma nova ordem internacional e transfronteiriça do conhecimento, acopladas a uma "heterarquia político-estratégica"[177].

Estão presentes, portanto, elementos de um novo modo de preparo da produção globalizada que dissemina profunda reorganização empresarial, tendo como consequência, para o comércio internacional, o *desemprego estrutural nos moldes atuais*.

São estimuladas, ainda, camadas diferentes de pesquisa e de utilização da ciência e da tecnologia, a direcionarem o processo de produção e aplicação do conhecimento e desenvolvimento.

No centro dos *tecnobergs*, as grandes corporações, configuradas sob a lógica da dualidade local-multinacional, tornam-se *globalizadas*. Com

[176] No sentido de "heterotopia" adotado por Foucault como espaços com múltiplas camadas de significação ou relações a outros lugares, cuja complexidade não pode ser percebida imediatamente.

[177] Sistema sem controle centralizado vertical, mas no qual há predomínio de uma ordem consensual. Difere de "anarquia" (em que é ausente a centralização e coerção), e da "hierarquia" (onde a ordem centralizada e verticalizada é firme). Conceito usado no contexto moderno por Warren McCulloch, em 1945.

base nesta dualidade, os *tecnobergs* fazem emergir fenômenos multilaterais que reforçam o aspecto econômico e a dominação: a *mundialização de estilos, usos e costumes; a globalização tecnológica, produtiva e comercial; e a "planetarização" da gestão*[178].

Esses fenômenos são discutidos com base na crescente *concentração do controle sobre a propriedade* dos meios de produção, que ocorre nos mais diferentes segmentos de consumo massificado. Tal processo de concentração é analisado por Dreifuss com base nas fusões, alianças e aquisições que acontecem no plano transnacional, apoiadas em uma interação que potencializa o conhecimento, absorvendo e relacionando ainda mais o processo de mundialização e de globalização.

Esse movimento de concentração da propriedade e do controle dos meios de pesquisa e da produção por intermédio de fusões e incorporações acelera o processo de mundialização e globalização, que assegura a produção transnacional centrada nas "*corporações estratégicas*".

As corporações citadas, interagindo por meio de suas respectivas matrizes, definiam as competências principais de uma empresa (*core competence*), em um processo de concentração que destruía a lógica antes prevalente nos grandes conglomerados de capital e diversificava seus investimentos, de modo que, agora, diferentes relações entre ciência e tecnologia formam o eixo de redirecionamento das cadeias produtivas.

Há uma "*transição em rede*" para um "*tecido de pesquisa e produção transnacional*"[179], mais complexo, sustentado com base em conhecimentos e capaz de concentrar as capacidades humanas. O cenário torna-se possível em virtude de compras, vendas, fusões, incorporações e integrações complementares no universo empresarial. A integração global tem por objetivo competir e partilhar mercados de forma mais eficaz.

Somada à ideia de sociedade da informação[180], essa lógica garante a determinação de competências nas empresas com integrações de meio, mensagem e conteúdo.

[178] Esses fenômenos são apresentados na obra **A época das perplexidades**. Mundialização, globalização e planetarização: novos desafios, de René Armand Dreifuss.

[179] A formação de uma sociedade em forma de "teia" complexa já havia sido percebida por Weber quando analisou a complexidade da sociedade moderna com as diferenciações funcionais que favorecem a especialização e a configuração de relações intercruzadas.

[180] Nomenclatura presente em CASELLS, Manuel. **The rise of the network society** – the information age: economy, society and culture. Cambridge: Blackwell, 1999, v. I; **The power**

Os conglomerados adquirem as empresas locais e, a partir das aquisições, procuram estabelecer relações com o público local que confiava na empresa comprada. Estabelecido o primeiro contato, passam a modificar as estruturas locais, adequando-as às diretrizes gerais que são determinadas a partir das matrizes.

Não raras vezes, o sistema de informações e comunicações da empresa adquirida é acoplado a uma base de dados localizada na matriz, e essas informações são retransmitidas da matriz para a empresa adquirida. O movimento garante que a informação não esteja mais alocada em sua origem, mas passe a depender do centro dos negócios. Fisicamente a empresa continua a atuar no mercado final, mas o "encéfalo" de todas as relações é o país ou o centro responsável pela matriz.

As matrizes das corporações estratégicas escolhem as melhores opções que viabilizarão a dominação dos setores de conhecimento e continuam a controlar o formato, os meios e o conteúdo das comunicações que são desenvolvidas nas empresas locais.

Nesse caldeirão globalizado, dinâmico, com tendências de alta mutabilidade e entregue a uma *"poliarquia supranacional" ainda latente, constitui-se uma nova perspectiva de realidade para a sociedade humana.*

Há um paradoxo em relação ao qual ainda estamos desprotegidos e sem respostas: esse processo exclui importante parcela da população mundial dos benefícios dessa concentração de conhecimento.

Aquele que economicamente está excluído do processo de aquisição das informações que se forma a partir dos *tecnobergs*, será aquele que estará excluído do mercado de trabalho de alta competência que surge a partir desse mesmo mercado. Em outros termos, se o indivíduo não possui meios de adquirir informações e comunicações, logo não terá meios de participar, por exemplo, de um processo seletivo para trabalhar nessas empresas.

4.2. Sociedade atual e capital global

Segundo a perspectiva de Dreyfuss, acima apontada, embora não seja exclusivamente sua, passamos por um período de profundas modifi-

of identity – the information age: economy, society and culture. Cambridge: Blackwell, 1997, v. II; **End of millennium** – the information age: economy, society and culture. Cambridge: Blackwell, 1998, v. III.

cações em diversos planos, o que necessariamente tem reflexos nas relações do mundo do trabalho.

No mundo globalizado, o fluxo de informações tem afetado a todos, sejam Estados-nações, corporações, indivíduos, movimentos sociais e sindicais, diante da assombrosa aceleração no desenvolvimento das transações econômicas e financeiras que ultrapassam fronteiras.

Há, progressivamente, o fortalecimento do capital financeiro internacional, trazendo fortes implicações nos diversos aspectos da vida contemporânea.

Assim, as redes de informação alcançam todo o globo terrestre com uma agilidade extraordinária, gerando, paradoxalmente à agilidade, certas instabilidades nas macroeconomias nacionais que dependem de constantes fluxos de capital.

A conjuntura econômica atual tende para a formação de uma "economia digital" com consequências para toda a sociedade, pois forma-se uma nova legião de excluídos, que não fazem parte dessa nova realidade eletrônico-digital.

O atual estágio da civilização, chamado por alguns de pós-modernidade, contemporaneidade, hipermodernidade, entre outros termos, leva o ser humano a um estado de constante competitividade, que caminha para o estágio predatório, com eliminação do aspecto humanista da vida e do conceito de solidariedade.

Há verdadeiro estado de incertezas, com intensa fluidez, em linguagem de Bauman, apesar de todo avanço tecnológico da sociedade da informação.

Assim, a mobilidade exagerada do capital internacional produz a precarização de direitos sociais básicos em termos de cidadania e direitos trabalhistas.

A falta de ética avança pela área econômica, e as pessoas são mercantilizadas em uma lógica que provoca desemprego e desigualdades sociais.

O desemprego mundial tem sido assunto de primeira ordem nas discussões que envolvem economistas e sociólogos que tratam da questão do trabalho há décadas. Como criar condições mínimas à geração de emprego?

Desde Keynes[181] e a teoria utópica do pleno emprego, passando pela teoria do capital humano de Milton Friedman[182], até o recente discurso da qualificação profissional, estudos procuram demonstrar que o emprego é indicativo de vigor econômico, de modo imprescindível à força das economias nacionais. A incontestável e corriqueira necessidade de intervenção estatal para conceber formas de geração de emprego aponta para o fato de que o desemprego é empecilho ao planejamento das políticas públicas eficazes que têm por centro a questão do emprego. Mas por que há desemprego?

Do ponto de vista da filosofia econômica capitalista, as decisões tomadas pelos agentes econômicos são baseadas na racionalidade dos investimentos[183], então por qual razão esses agentes não elaboram estratégias que culminem na criação total de empregos, dinamizando a economia mundial?

A partir de dado momento histórico, começou-se a apontar o desenvolvimento tecnológico[184] como principal fator que limita a geração de empregos. Entretanto, essa interpretação não carrega qualquer novidade, pois estudos econômicos do século XIX[185] e a teoria crítica marxiana[186] já traçavam relações entre avanço da tecnologia e aumento do desemprego como questões relevantes de análise.

Entretanto, o cenário atual é marcado por incertezas sobre se haveria um recrudescimento das esferas capitalistas ou mero retorno a situação já registrada (em um movimento circular) dentro do próprio sistema capitalista e, ainda, se seria o avanço tecnológico uma causa direta dos elevados índices de desemprego contemporâneo.

[181] KEYNES, John Maynard. **A teoria geral do emprego, do juro e da moeda.** São Paulo: Nova Cultural, 1996. Coleção Os Economistas. *Vide* a primeira edição da obra, publicada em 1936.

[182] FRIEDMAN, Milton. **Capitalismo e liberdade.** São Paulo: Nova Cultural, 1988.

[183] FERGUSON. C. E. **Microeconomia.** 5. ed. Rio de Janeiro: Forense Universitária, 1982.

[184] Embora não sejam sinônimos perfeitos, neste texto usaremos a denominação "desenvolvimento tecnológico" tanto para nos referirmos à inovação quanto para citar processos que aumentam a produtividade da atividade industrial, sem, contudo, relacionar-se à evolução tecnológica.

[185] HEILBRONER, Robert. **A história do pensamento econômico.** São Paulo: Nova Cultural, 1996.

[186] MARX, Karl. **O capital.** São Paulo: Nova Cultural, 1996. Coleção Os Economistas.

Pari passu, a qualificação profissional tem sido apontada como condição elementar ao enfrentamento do desemprego oriundo do avanço tecnológico[187], muito embora, apesar de buscarem qualificação, trabalhadores não têm conseguido vencer esse problema, mantendo-se alijados do mercado de trabalho. Tal situação parece distorcer dos argumentos que são trazidos à tona, pois a qualificação seria uma garantia de empregabilidade. A verdade é que o mercado de trabalho não tem conseguido absorver o contingente de profissionais que efetivamente se qualificaram.

Ademais, a questão da qualificação profissional também não tem eliminado o problema, como alternativa ao desemprego, de os trabalhadores estarem se submetendo a atuar no mercado de forma visivelmente precária[188], o que favorece o processo de empobrecimento da população.

Assim, restou a incerteza deontológica se seria o fetiche da qualificação profissional uma maneira arguta de o capitalista explorar o trabalho por meio de uma ilusão vendida ao trabalhador, no sentido de que ao se qualificar teria melhores condições no mercado, quando, na verdade, a precarização das condições laborais continua a se aprofundar.

4.3. Paradoxos da globalização

A contemporaneidade está marcada por profundas modificações que assentam suas bases na revolução digital, que tomou o planeta a partir da década de 1940 e foi acelerada nas décadas seguintes, apresentando o computador como instrumento fundamental na troca informações nas áreas de comunicação, economia e política.

Há, a partir da ideia de globalização, a potencialização das conexões entre estruturas econômicas e políticas dos diversos cantos do mundo. Tal processo impacta negativamente nos países denominados de "periféricos" ou em desenvolvimento, pois a globalização apresenta assimetria entre os diversos países, aumentando a vulnerabilidade daqueles que não estão preparados estruturalmente para assimilar as novas

[187] Tesser, Ozir. Sobre o conceito de qualificação social. In: Arrais Neto, Enéas de Araújo; Fernandes, Manuel José Pina e Felismino, Sandra Cordeiro (orgs.). **Trabalho e educação face à crise global do capital.** Fortaleza: EDUFC, 2002. Coleção Diálogos Intempestivos, n. 04.

[188] No Brasil, o termo "precarização do trabalho" foi usado por primeira vez por Ricardo Antunes (***Os sentidos do trabalho.*** São Paulo: Boitempo, 1999) para referenciar as péssimas condições laborais a que estão sendo submetidos os trabalhadores.

tecnologias impostas pelas multinacionais. Ademais, globalização é um fenômeno multifacetado, um processo complexo que tem afetado profundamente os mercados de trabalho nas diferentes regiões do planeta[189].

[189] "O processo de globalização econômica, inspirado na agenda do chamado 'Consenso de Washington', passou a ser sinônimo das medidas econômicas neoliberais voltadas para a reforma e a estabilização das denominadas 'economias emergentes'. Tem por plataforma o neoliberalismo a redução das despesas públicas, a privatização, a flexibilização das relações de trabalho, a disciplina fiscal para a eliminação do déficit público, a reforma tributária e a abertura do mercado ao comércio exterior. Há a crescente internacionalização da produção e a criação de mercados mundiais integrados. No dizer de Jürgen Habermas: 'Hoje são antes os Estados que se acham incorporados aos mercados, e não a economia política às fronteiras estatais'. Todavia, a globalização econômica tem agravado ainda mais as desigualdades sociais, aprofundando-se as marcas da pobreza absoluta e da exclusão social. Os mercados têm se mostrado incompletos, falhos e imperfeitos. De acordo com o relatório sobre o Desenvolvimento Humano de 1999, elaborado pelo Programa das Nações Unidas para o Desenvolvimento (PNUD), a integração econômica mundial tem contribuído para aumentar a desigualdade. A diferença de renda entre os 20% mais ricos da população mundial e os 20% mais pobres, medida pela renda nacional média, aumentou de 30 para 1 em 1960, para 74 em 1997. Adiciona o relatório que, em face da globalização assimétrica, a parcela de 20% da população mundial que vive nos países de renda mais elevada concentra 86% do PIB mundial, 82% das exportações mundiais, 68% do investimento direto estrangeiro e 74% das linhas telefônicas. Já a parcela dos 20% mais pobres concentra 1% do PIB mundial, 1% das exportações mundiais, 1% do investimento direto estrangeiro e 1,5% das linhas telefônicas. Acrescente-se que o próprio Banco Mundial reconheceu, em relatório recente, que a pobreza tem crescido em virtude da globalização econômica. De acordo com o relatório do Bird, no período de maior adesão ao neoliberalismo aumentaram a pobreza e o protecionismo em escala internacional.

O forte padrão de exclusão socioeconômica constitui um grave comprometimento às noções de universalidade e indivisibilidade dos direitos humanos. O alcance universal dos direitos humanos é mitigado pelo largo exército de excluídos, que se tornam supérfluos em face do paradigma econômico vigente, vivendo mais no 'Estado da natureza' que propriamente no 'Estado Democrático de Direito'. Por sua vez, o caráter indivisível destes direitos é também mitigado pelo esvaziamento dos direitos sociais fundamentais, especialmente em virtude da tendência de flexibilização de direitos sociais básicos, que integram o conteúdo de direitos humanos fundamentais. A garantia dos direitos sociais básicos (como o direito ao trabalho, à saúde e à educação), que integram o conteúdo dos direitos humanos, tem sido apontada como um entrave ao funcionamento do mercado e um obstáculo à livre circulação do capital e à competitividade internacional. A educação, a saúde e a previdência de direitos sociais básicos transformam-se em mercadoria, objeto de contratos privados de compra e venda – em um mercado marcadamente desigual, no qual grande parcela populacional não dispõe de poder de consumo. Como acentua José Eduardo Faria: '(...) os serviços públicos essenciais nos campos da educação, saúde, moradia, transporte ou até mesmo de segurança, convertidos em objeto de ambiciosos programas de privatização, passam a ser comercializados como uma mercadoria qualquer, formalizados por contratos de caráter estritamente mercantil e apropriados por organizações empresariais exclusivamente voltadas ao lucro'. No mesmo sentido, salienta Marilena Chauí: 'A reforma do Estado retirou educação e saúde do campo dos direitos sociais e as incluiu no dos serviços não exclusivos do Estado. Essa pequena alteração terminológica – passar do direito ao serviço – não só as transferiu para a rede do mercado, como também legitimou seu tratamento como uma mercadoria qualquer, sujeita aos mecanismos contratuais que regem as ações mercantis e que identificam o cidadão com o consumidor'.

Em razão da indivisibilidade dos direitos humanos, a violação aos direitos econômicos, sociais e culturais propicia a violação aos direitos civis e políticos, eis que a vulnerabilidade econômico-social leva à vulnerabilidade dos direitos civis e políticos. No dizer de Amartya Sen: 'A negação da liberdade econômica, sob a forma da pobreza extrema, torna a pessoa vulnerável a violações de outras formas de liberdade. (...) A negação da liberdade econômica implica na negação da liberdade social e política'. Acrescente-se ainda que este processo de violação dos direitos humanos alcança prioritariamente os grupos sociais vulneráveis, como as mulheres e a população negra (daí os fenômenos da 'feminização' e 'etnicização' da pobreza).

Ressalte-se que os próprios formuladores do Consenso de Washington, dentre eles Joseph Stiglitz, que foi Vice-Presidente do Banco Mundial, hoje assumem a necessidade do 'Pós-Consenso de Washington', capaz de incluir temas relativos ao desenvolvimento humano, à educação, à tecnologia e ao meio ambiente – enfim, entende-se fundamental apontar as funções que o Estado deve assumir para assegurar um desenvolvimento sustentável e democrático.

Como leciona Jack Donnelly, se os direitos humanos são o que civilizam a democracia, o Estado de Bem-Estar Social é o que civiliza os mercados. Se os direitos civis e políticos mantêm a democracia dentro de limites razoáveis, os direitos econômicos e sociais estabelecem os limites adequados aos mercados. Mercados e eleições, por si sós, não são suficientes para assegurar direitos humanos para todos. No mesmo sentido, acentua Celso Lafer ser da convergência entre as liberdades clássicas e os direitos de crédito que depende a viabilidade da democracia no mundo contemporâneo.

Embora a formação de blocos econômicos de alcance regional, tanto na União Europeia como no Mercosul, tenha buscado não apenas a integração e cooperação de natureza econômica, mas posterior e paulatinamente a consolidação da democracia e a implementação dos direitos humanos nas respectivas regiões (o que se constata com maior evidência na União Europeia e de forma ainda bastante incipiente no Mercosul), observa-se que as cláusulas democráticas e de direitos humanos não foram incorporadas na agenda do processo de globalização econômica.

Ao revés, a globalização econômica tem comprometido a vigência dos direitos humanos, em especial dos direitos sociais. Em face da indivisibilidade dos direitos humanos, como já mencionado, a violação aos direitos sociais acaba por implicar a violação aos direitos civis e políticos, o que resulta na fragilização da própria democracia. Testemunha-se, ainda, o impacto transformador e desagregador da transnacionalização dos mercados sobre as estruturas político-institucionais, na medida em que as decisões passam a ser tomadas no âmbito

A revolução tecnológica não diminuiu as incertezas da sociedade atual. A globalização tem aumentado as discrepâncias sociais no que tange, também, ao acesso às informações, criando a oposição entre os "incluídos" no processo de tomada de conhecimento tecnológico (pessoas altamente especializadas, conectadas ao mundo digital) e os "excluídos" desse processo (trabalhadores com inserção precária às esferas de conhecimento, subempregados e desempregados que estão "desconectados" do mundo virtual). Liszt Vieira enxerga uma "tendência anárquica" atual na globalização que:

> não pode ser considerada, como querem muitos, uma fatalidade histórica. Ela não é historicamente inevitável. Contra ela, opõe-se a ação política das forças democráticas. Um bom exemplo, entre outros, é o Fórum Internacional sobre Globalização, uma aliança que, ao ser criada em janeiro de 1995, representava 40 organizações em 19 países. Sua Declaração de Princípios postula que a criação de uma ordem econômica internacional mais justa – baseada na democracia, na diversidade cultural e na sustentabilidade ecológica – exige novos acordos internacionais que coloquem as necessidades dos povos, das economias locais e do meio ambiente acima dos interesses das corporações multinacionais.

de organismos multilaterais e conglomerados multinacionais, com a substituição da política pelo mercado, enquanto instância decisória.
Vislumbram-se assim os paradoxos que decorrem das tensões entre a tônica excludente do processo de globalização econômica e os movimentos que intentam reforçar a democracia e os direitos humanos como parâmetros a conferir lastro ético e moral à criação de uma nova ordem internacional.
Para a consolidação da democracia e implementação dos direitos humanos, emerge o desafio da construção de um novo paradigma, pautado por uma agenda de inclusão, que seja capaz de assegurar um desenvolvimento sustentável, mais igualitário e democrático, nos planos local, regional e global. A prevalência dos direitos humanos e do valor democrático há de constituir a tônica deste novo paradigma global, que demanda o enfoque das ordens local, regional e global a partir da dinâmica de sua interação e impacto. Ao imperativo da eficácia econômica deve ser conjugada a exigência ética de justiça social, inspirada em uma ordem democrática que garanta o pleno exercício dos direitos civis, políticos, sociais, econômicos e culturais.
Em um contexto cada vez mais caracterizado pela relação entre Estados, regiões e instituições internacionais, o próximo milênio reserva como maior débito e desafio a globalização da democracia e dos direitos humanos". PIOVESAN, Flávia. Direitos humanos, democracia e integração regional: os desafios da globalização. **Doutrinas Essenciais de Direitos Humanos**. São Paulo: Revista dos Tribunais, ago. 2011, p. 1223, v.1.

E conclui afirmando que é possível, necessário e, a longo prazo, muito mais viável buscar tais caminhos do que um sistema econômico globalizado condenado ao fracasso[190].

Nesse passo, é importante compreender a globalização a partir da sociedade informatizada, na qual o capital financeiro obtém lucros estrondosos em detrimento do capital produtivo, fato que redunda em fortes consequências nos planos da política, da sociedade e do trabalho.

Os países em desenvolvimento são os que passam por maiores implicações nesse momento, por exemplo, pelas crises causadas a partir das altas taxas de desemprego, informalidade, precariedade nas relações de trabalho e fragmentação e enfraquecimento de movimentos sociais e sindicais.

Já não estavam preparados para competir em igualdade de condições nas estruturas tradicionais da economia internacional, despreparo que se potencializa na atualidade, focada em altos níveis de tecnologia e de fluxo de informações gradualmente rápidos. Em outros termos: há forte crise estrutural em andamento, pois a globalização apresenta como postulado básico o forte laço tirânico entre capital e informação. Unidos, sistema financeiro internacional e técnicas da informação agem de modo a consolidar a visão global de mundo.

Esses componentes emergem dotados de forte conteúdo ideológico que justifica a globalização como único caminho histórico de compreensão da realidade atual, por determinação de uma lógica que se baseia em uma visão de um mundo unificado, impondo aos Estados-nações resposta única para a adoção do fenômeno. Milton Santos assevera que:

> Entre os fatores constitutivos da globalização, em seu caráter perverso atual, encontram-se a forma como a informação é oferecida à humanidade e a emergência do dinheiro em estado puro como motor da vida econômica e social. São duas violências centrais, alicerces do sistema ideológico que justifica as ações hegemônicas e leva ao império das fabulações, a percepções fragmentadas e ao discurso único do mundo, base dos novos totalitarismos – isto é, dos globalitarismos – a que estamos assistindo[191].

[190] VIEIRA, Liszt. **Cidadania e globalização**. Rio de Janeiro: Record, 1997, p. 136.

[191] SANTOS, Milton. **Por uma outra globalização**: do pensamento único à consciência universal. 5. ed. Rio de Janeiro: Record, 2001, p. 38.

À vista disso, presenciamos um estágio do processo de globalização no qual as técnicas da informação estão sendo apropriadas pelos grandes conglomerados transnacionais que, em razão de suas estratégias, terminam por manipular o conteúdo ideológico do conhecimento e, consequentemente, as próprias informações transmitidas para a grande maioria da humanidade, escolhendo o que vem a público e aquilo que não será explorado, o que fomenta ainda mais a desigualdade entre os países centrais e os periféricos.

As técnicas de exploração e compartilhamento da informação constituem atualmente elemento essencial para a sociedade e deveriam funcionar como meio de ampliação do conhecimento científico, da capacidade de elaboração crítica de primeira linha e da visão de mundo, mas há forte predomínio de certos discursos ideológicos, limitando outras leituras (econômica, social, política e cultural) da realidade de nosso tempo.

A globalização encontra elementos de expansão calcados no processo de internacionalização do mercado financeiro, com aproveitamento de novas tecnologias e redefinição de elaborações tradicionais da ordem mundial e, consequentemente, da ordem de trabalho.

Estado mínimo e flexibilização das relações trabalhistas passam, portanto, a ser importantes elementos na retórica globalizante. São elementos apontados como fundamentais para solucionar problemas sociais profundos.

No contexto dessa lógica, há substanciais modificações nas antigas regras originalmente elaboradas para o Estado de Direito e para as políticas sociais. Os direitos fundamentais individuais e coletivos são vulnerabilizados, assim como a proteção ao exercício da cidadania. Agrava-se e aprofunda-se o confronto entre capital e trabalho, pois há estímulos atuais ao individualismo e à competição predatória em detrimento das ações coletivas.

A globalização favorece a competitividade exacerbada com a assimilação de conceitos próprios de uma verdadeira guerra para a vida cotidiana[192]. As estratégias de guerra são utilizadas para eliminar conflitos, fruto da falta de ética, com forte conteúdo egocêntrico latente na vida

[192] Veja-se, por exemplo, as sucessivas edições de livros como **A arte de guerra** de Sun Tzu e suas análises aplicadas ao ambiente empresarial.

econômica, política e social, de modo a "coisificar" a imagem humana pelo próprio Homem[193].

O individualismo, guiado pelo rápido movimento da globalização, da competitividade, do consumo, dos comportamentos relativizados e conduzidos pela mídia e pela automação, tem como consequência a criação de relações humanas mais volúveis e efêmeras, sem formação efetiva de laços, o que favorece a violência, o desrespeito, a perda do espaço coletivo, a insegurança, a ansiedade, o medo, a desconfiança.

O processo se torna mais arraigado e fortalece a identidade pessoal como "indivíduo" que acaba por perder outra dimensão desse tema, ou seja, esquecendo-se a sua identidade como "cidadão", o que resulta em uma fragmentalização da vida social, cuja expressão mais preocupante é a ampliação do desemprego. Nas palavras de Milton Santos:

> O consumo é o grande emoliente, produtor ou encorajador de imobilismos. Ele é, também, um veículo de narcisismos, por meio dos seus estímulos estéticos, morais, sociais; e aparece como o grande fundamentalismo do nosso tempo, porque alcança e envolve toda gente. Por isso, o entendimento do que é o mundo passa pelo consumo e pela competitividade, ambos fundados no mesmo sistema da ideologia.
>
> Consumismo e competitividade levam ao emagrecimento moral e intelectual da pessoa, à redução da personalidade e da visão do mundo, convidando, também, a esquecer a oposição fundamental entre a figura do consumidor e a figura do cidadão[194].

Para Milton Santos[195], o modelo atual é baseado na violência e na expropriação, e a diminuição do trabalho é vista como uma das formas de sair da crise, de modo que o desemprego é orquestrado, planejado. Parte da sociedade é favorável ao apodrecimento das relações sociais, inclusive, das relações de trabalho, pois acreditam que ele é o meio para sair da crise.

A falta de trabalho é fator aceitável e até necessário para chegar à globalização, de modo que a pobreza é vista com extrema naturalidade e é isso que precisa ser enfrentado.

193 Forma-se um paradoxo, pois nessa mesma época que dá valor às ações humanas como estratégias para uma guerra diária, há forte clamor por ética em todos os níveis da sociedade.

194 SANTOS, Milton. **Por uma outra globalização**, cit., p. 49.

195 Idem, ibidem.

As empresas têm hoje ação predatória, agem como animais, com "faro" aperfeiçoado às armas da ciência, da tecnologia e caminham com o propósito de realizar dominação com feições de uma competitividade sem ética, voltada para a guerra.

Nesse cenário, o Estado tende a ser impotente diante do esforço hegemônico e a ação soberana (termo antes reservado para as esferas de Estado) do mercado.

São as empresas que estabelecem normas de convivência entre as pessoas, mesmo sem possuírem mandato.

O homem e a civilização saíram do centro das discussões, como queria a modernidade clássica, e o dinheiro ocupou seu espaço.

A globalização potencializou a questão da cultura e dos movimentos de massa, e agora a informação é o grande instrumento da finança e da reprodução da nova forma de vida globalizada.

Para o geógrafo Milton Santos há duas éticas: uma dos poderosos e outra daqueles que nada têm, dos desesperados que agem com violência.

Assevera ainda, o autor, que todo tipo de organização é, também, modo de constrangimento para que se aja da forma preestabelecida. Assim, são necessárias a reflexão e a reformulação da ética dos poderosos e do direito escrito.

O literato indica que devemos avaliar os processos de globalização, e não nos colocarmos contra ou a favor da universalização, empregando a globalização de modo que o homem seja o elemento principal, não o capital.

O mercado tem se aproveitado dos instrumentais da ciência e da tecnologia, criando as condições para a mundialização.

Da forma como está, reclamamos dos totalitarismos e caímos em outro em que suprimimos a verdadeira liberdade, e a carência de liberdade prejudica o exercício da cidadania, criando um "globaritarismo".

Em relação à antiga violência, atualmente ela é estrutural. Tudo age a partir da ideia de competitividade, que é uma violência sem nome, diferente.

Assim, a competitividade difere de competição, que tinha alguns elementos morais, inclusive, agregando a ideia de compaixão. Diversamente, competitividade não acolhe a compaixão.

Além disso, Milton Santos, ao lado de Dreifuss, percebe que a globalização sufoca os Estados-Nacionais e eles atuam como meros representantes das forças de mercado.

Atores como FMI e Banco Mundial são coadjuvantes das empresas monstruosas, e os Estados-nação são meros porta-vozes dessas corporações.

Importante, nesse contexto, compreender as mudanças qualitativas e quantitativas operadas com a assimilação do uso das técnicas de informação, principalmente em seus efeitos no que tange à esfera do trabalho. Em outros termos, é importante compreender a competitividade e a lógica de mercado, hoje colocadas como únicas saídas para sobreviver em um mundo globalizado, como acentua Gilberto Dupas:

> Nos palcos eletrônicos da sociedade global, as figuras do ganhador e do ostentador personificam os novos mitos fugazes e frágeis. Nunca a tirania das imagens e a submissão ao império das mídias foram tão fortes. A produção econômica moderna espalha sua ditadura; o consumo alienado torna-se para as massas um dever suplementar, um verdadeiro instrumento de busca da felicidade, um fim em si mesmo. A dominação do econômico sobre o social operou sucessivas degradações, primeiro do "ser" para o "ter", em seguida do "ter" para o "parecer-ter". Às atuais massas excluídas resta apenas o "identificar-se-com-quem-parece-ser-ou-ter" através do espetáculo à distância, um virtual feito real pelas mídias globais[196].

4.4. Desenvolvimento tecnológico, redução da força de trabalho e qualificação profissional como alternativa ao desemprego

A atividade industrial, especialmente na década de 1970, passou por forte crise que levou o capital a desenvolver formas de reprodução segmentadas para cada região do planeta[197]. Termos antigos da economia política como "vantagens comparativas" e "divisão internacional do trabalho"[198] voltaram à tona em um novo contexto internacional, no qual o capitalismo consegue reunir forças para renascer no interior das economias nacionais, por meio do neoliberalismo que, de certa forma, pro-

196 DUPAS, Gilberto. **Ética e poder na sociedade da informação**: de como a autonomia das novas tecnologias obriga a rever o mito do progresso. São Paulo: UNESP, 2000, p. 111.

197 Anita Kon realiza uma análise interessante sobre a crise paradigmática do setor industrial, que rompeu com o modelo industrial fordista e passou a adicionar novos e diversificados modelos de produção industrial (**Economia industrial.** Rio de Janeiro: Nobel, 2004).

198 Idem.

videnciou desenvolvimento econômico aos países anteriormente excluídos do cenário ocidental tradicional.

Naquele momento histórico, favorecido pelo fortalecimento americano pós Segunda Guerra Mundial, ocorre a intensificação tecnológica na atividade produtiva, cujo discurso justificador tenciona para o objetivo central do aprimoramento da produção industrial e para um pretenso aumento na liberdade que seria reservada aos homens que, estando livres do excesso de trabalho por meio das máquinas, poderiam utilizar seu tempo para realizar tarefas que lhes trouxessem prazer. Tal impulso é iniciado nos países centrais e, em seguida, esparge-se por países periféricos.

Dessarte, a inovação tecnológica redundou em mudanças na combinação dos fatores de produção com a substituição progressiva do trabalho humano direto pela utilização de máquinas, o que gerou: 1) aumento da produtividade e da precisão na atividade produtiva; e 2) diminuição dos postos de emprego.

Se a inovação potencializa a capacidade produtiva, seu efeito colateral imediato e mediato é elevar o desemprego, aspecto lembrado por autores como Márcio Pochmann[199], Jeremy Rifkin[200] e Jürgen Habermas[201], ao afirmarem que a sociedade caminha para se tornar uma espécie para a qual o trabalho perde sua centralidade. Segundo eles, a tecnologia fará aumentar a reserva[202] de trabalhadores.

Nesse ambiente teórico, destaquem-se as formulações do grupo *Krisis*[203], cujos autores afirmam que a produção de riqueza se desvincula, com intensidade pujante, do uso da força de trabalho humano por conta da revolução nanoeletrônica, que ocorre na sociedade contemporânea e levará ao fim da sociedade do trabalho, em razão das autocontradições incuráveis do sistema de produção de mercadorias:

199 Pochmann, Márcio. **O emprego na globalização**: a nova divisão internacional do trabalho e os caminhos que o Brasil escolheu. São Paulo: Boitempo, 2001.

200 Rifkin, Jeremy. **O fim dos empregos**. São Paulo: Makron Books, 1995.

201 Habermas, Jürgen. **Técnica e ciência como ideologia.** São Paulo: Nova Cultural, 1975. Coleção Os Pensadores.

202 Conceito definido por Marx (1996) para explicar que o capital consegue rebaixar a remuneração da força de trabalho ao nível mínimo necessário à reprodução individual através de elevados contingentes de trabalhadores desempregados.

203 Grupo Krisis. Disponível em: [http://www.krisis.org/who-we-are]. Acesso em: 13 out. 2014.

> De um lado, ele vive do fato de sugar maciçamente energia humana através do gasto de trabalho para sua maquinaria: quanto mais, melhor. De outro lado, contudo, impõe, pela lei da concorrência empresarial, um aumento de produtividade, no qual a força de trabalho humano é substituída por capital objetivado cientificizado[204].

E lembram que:

> O trabalho assim decifrado não é uma grandeza ontológica, mas uma necessidade historicamente limitada. Portanto, quando aqui se fala de trabalho, está se falando de trabalho para ganhar a vida. Na língua alemã, a diferenciação de grande sentido entre trabalho(ar) e obra(r) perdeu-se ao longo dos séculos. O trato com a categoria "trabalho", portanto, é extremamente problemático, pois, ao contrário, por exemplo, da língua inglesa, não há diferenciação entre "work" e "labour".
>
> Há muito a fazer, de fato. O que está acabando é o trabalho remunerado. Por que acreditamos piamente que ele permanecerá? A resposta simples é que nossa existência depende de nossa renda. Que desta forma o trabalho parece ser uma necessidade existencial. Não conseguimos imaginar uma vida sem ele, nem podemos. Tudo aquilo que hoje aponta para além da economia de mercado é desacreditado como alucinação, não importa o quão precária seja a situação do indivíduo burguês. Uma despedida positiva de trabalho, dinheiro e valor parece ser uma criação totalmente utópica da mente. No entanto, em uma forma negativa, essa despedida tem consequências destruidoras sobre os afetados, nesse instante.
>
> Comer é uma necessidade incondicional, mas a de ter dinheiro é uma necessidade socialmente determinada. Apesar disso, para os sujeitos modernos trabalho e dinheiro são o que era Deus para as pessoas da Idade Média: o fetiche supremo. "Trabalho existe como necessidade", poderíamos dizer, utilizando livremente a fórmula de Spinoza. E o mesmo em relação ao dinheiro. Mas esse princípio ocidental de *ora et labora* está seriamente abalado, e isso em todas as suas variantes, do protestantismo ao socialismo. Cruzadas ou frentes de trabalho não adiantam mais[205].

204 Idem, p. 15.

205 SCHANDL, Franz. Da decomposição do trabalho. Disponível em: [http://www.krisis.org/2009/da-decomposicao-do-trabalho].

Nessa mesma toada, outros teóricos, como Jeremy Rifkin, afirmam que o mundo está mergulhado em uma nova fase histórica, na qual cada vez menos trabalhadores serão necessários para produzir bens e serviços, restando aos trabalhadores enfrentar as filas do desemprego:

> As filas de desempregados e subempregados crescem diariamente na América do Norte, Europa e no Japão. Mesmo as nações em desenvolvimento estão enfrentando o desemprego tecnológico à medida que as empresas multinacionais constroem instalações de produção com tecnologia de ponta em todo o mundo, dispensando os trabalhadores de baixa remuneração, que não podem mais competir com a eficiência de custos, controle de qualidade e rapidez de entrega, alcançadas com a produção automatizada[206].

Análises da Escola de Frankfurt apontam para transformações intensas no mundo, de modo que, para Habermas[207], a sociedade tem produzido riqueza de forma independente da *mais-valia* oriunda da força de trabalho imediata, com isso, os trabalhadores tornam-se paulatinamente dependentes do progresso técnico-científico.

A consequência dessa cisão entre força imediata de trabalho e produção pode ser o fim da sociedade industrial ou não necessariamente seu fim, mas uma menor dependência dessa sociedade em relação à força de trabalho, o que trará mais desemprego.

Na década de 1980, Claus Offe[208] mencionava que não era precipitado antecipar que haveria encolhimento da absorção de mão de obra no mercado de trabalho global, por conta da revolução tecnológica que já afligia a escala produtiva. A crise atual na absorção humana no mercado de trabalho é *consequência,* e não *causa,* da problemática em uma sociedade caracterizada pelo desenvolvimento tecnológico potencializado.

Distinção interessante já era feita por Wilson Cano[209], em 1995, ao atentar para o fato de a tecnologia, na sociedade contemporânea, preo-

[206] Rifkin, Jeremy. **O fim dos empregos.** São Paulo: Makron Books, 1995, p. 5.

[207] Habermas, Jürgen. **Técnica e ciência como ideologia.** São Paulo: Nova Cultural, 1975.

[208] Trabalho como categoria sociológica fundamental? In: Offe, Claus (org.). **Trabalho e sociedade**: problemas estruturais e perspectivas para o futuro da sociedade do trabalho. Rio de Janeiro: Tempo Brasileiro, 1989. v. 1, p. 13-41.

[209] Cano, Wilson. **Reflexões sobre o Brasil e a nova (des)ordem internacional.** 4. ed. São Paulo: Unicamp, 1995.

cupar-se mais com a *produtividade* do que com a *inovação*, o que delineia diversamente essa etapa da revolução industrial, pois nas duas primeiras, ao contrário, havia uma busca incessante de inovação nos processos de produção.

Diante disso e das modificações estruturais pelas quais a sociedade mundial tem passado, especialmente na atividade produtiva, com o aumento do desemprego, não tardou para que o tema da qualificação profissional de trabalhadores surgisse como resposta para a redução cada vez maior dos empregos.

Enéas de Araújo Arrais Neto[210] assevera que, em meados da década de 1980, passou a ganhar força o conceito de "empregabilidade", com o sentido de que a responsabilidade em acompanhar as transformações do mercado de trabalho compete ao trabalhador, de forma que ele deveria procurar constantemente a qualificação, tendendo aos novos paradigmas da indústria. A partir desse momento torna-se mais frequente o uso no dia a dia de expressões como *kanban, kaizen, just in time* (JIT)[211].

Hoje, o discurso predominante caminha no sentido de que o trabalhador terá maior capacidade de inserção no mercado e ascensão profissional dentro da empresa de acordo com sua qualificação pessoal, com formação específica e capacidade de polivalência, requisitos chamados pelos estudiosos de administração de empresas como aumento das "competências"[212].

[210] Arrais Neto, Enéas de Araújo. A educação para uma sociedade de alta qualificação profissional. Os equívocos da busca de competitividade sob a nova divisão internacional do trabalho. In: Fidalgo, F., Machado, L. & Rummert, S. L. (orgs.). **Trabalho e crítica: Anuário do GT trabalho e educação/ANPED**. Niterói: EDUFF, 1999.

[211] *Kanban*: termo de origem japonesa cujo conceito relaciona-se com a utilização de cartões para indicar o andamento dos fluxos de produção em empresas de fabricação em série. *Kaizen*: palavra também de origem japonesa que significa mudança para melhor, usada para transmitir a noção de melhoria contínua na vida em geral, seja ela pessoal, familiar, social e no trabalho. No contexto empresarial é uma metodologia que permite baixar os custos e melhorar a produtividade. *Just in time*: termo em inglês que traz a noção de que, na administração da produção, nada deve ser produzido, transportado ou comprado antes da hora certa.

O *kaizen, kanban* e *just in time* são metodologias usadas no contexto da produção por parte de empresas.

[212] Tesser. Op. cit.

A insistente referência ao aumento das "competências" configura argumento perfeito nesse cenário de aceleração do desenvolvimento tecnológico, somado à crise econômica internacional cíclica e ao aumento nos índices de desemprego. Dados do Departamento Europeu de Estatísticas[213], referentes ao final da década de 2000, indicam um constante aumento nas taxas de desemprego dos países da Comunidade Europeia, região do Ocidente em que, de um modo geral, a população apresenta bons níveis de qualificação profissional.

Já no início da década de 2020, há melhora em relação à empregabilidade, que permanece ainda alta principalmente na Espanha, Grécia e Itália, conforme informações do Eurostat[214].

[213] As informações do EUROSTAT em 2009 mostraram que em novembro daquele ano a "taxa média de desemprego nos 16 países da zona do euro (relaciona os países que utilizam o euro como moeda oficial) foi de 10 por cento. Este é o valor mais alto registrado desde agosto de 1998. Estimativas do Departamento indicam que 22,8 milhões de pessoas estavam sem trabalho na União Europeia (relaciona a todos os vinte e sete países que formam a Comunidade Europeia), dos quais, 15,7 milhões na zona do euro. A Holanda é o país com a porcentagem mais baixa de desempregados (3,9 por cento da população economicamente ativa), enquanto que os índices de desemprego mais elevados foram registrados na Letônia (22,3%) e Espanha (19,4%). Ver Eurostat (2009) [http://epp.eurostat.ec.europa.eu/portal/page/portal/product_results/search_results?mo=containsall&ms=Euro+area+unemployment+up+to+8.9%25&saa=&p_action=SUBMIT&l=us&co=equal&ci=,&po=equal&pi=,]". *Vide* FIGUEIREDO, Fábio Fonseca. Conjecturas sobre o desemprego a partir do desenvolvimento tecnológico na sociedade contemporânea. *Biblio 3W.* **Revista Bibliográfica de Geografía y Ciencias Sociales**, Universidad de Barcelona, v. XV, nº 878, 30 jun. 2010. <http://www.ub.es/geocrit/b3w-878.htm>.
Em 2015 o índice estava em 11,5% (Euro area unemployment rate at 11.5%. Departamento Europeu de Estatísticas, 2015. Disponível: [http://ec.europa.eu/eurostat/documents/2995521/6454659/3-07012015-AP-EN.pdf/f4d2866e-0562-49f5-8f29-67e1be16f50a]).

[214] A taxa de desemprego recuou, em novembro de 2021, para os 7,2% na zona euro e os 6,5% na União Europeia (UE), segundo dados do Eurostat. Na zona euro, o desemprego diminuiu diante dos 8,1% homólogos e aos 7,3% de outubro. Já a taxa de desemprego juvenil, em novembro de 2021, era de 15,4% na UE e 15,5% na área do euro. Na UE, a taxa de desemprego de novembro compara-se com a de 7,4% do mesmo mês de 2020 e com os 6,7% de outubro. De acordo com o serviço de estatísticas europeu, em novembro de 2021 havia 13.984 milhões de pessoas desempregadas na UE, das quais 11.829 milhões na zona euro.
Espanha (14,1%), Grécia (13,4%) e Itália (9,2%) foram os países que registaram as maiores taxas de desemprego em novembro e a República Checa (2,2%), os Países Baixos (2,7%) e a Alemanha (3,2%) as mais baixas. Em Portugal a taxa de desemprego foi de 6,3% em novembro de 2021. *Vide* [https://ec.europa.eu/eurostat/documents/2995521/14084165/3-10012022-AP-EN.pdf/53ac483e-71d9-3093-5bd8-12f1ea89683a].

Em outros termos, a qualificação profissional não é fator isolado para explicar a situação do desemprego na sociedade atual. Para alguns autores[215], a crise do emprego não pode ser explicada exclusivamente pelo incremento tecnológico nas atividades produtivas e pela consequente falta de qualificação profissional, pois essas análises são parciais e limitadas.

O mercado de trabalho de países periféricos passou por modificações, introduzidas a partir da década de 1990, quando tais países assumem políticas eminentemente neoliberais, de modo que se pode perceber certa "periferização" da indústria, com o deslocamento de atividades pouco complexas para países menos desenvolvidos. No mercado brasileiro, por exemplo, há índices que demonstram que *pari passu* houve aumento de demanda por trabalho em atividades informais, em setores menos complexos[216].

Há autores[217] que percebem na qualificação profissional uma estratégia[218] do capital para escamotear o processo de exclusão de trabalhadores do mercado de trabalho.

No Brasil, contudo, o discurso oficial exacerba a qualificação como alternativa ao desemprego, sob responsabilidade pessoal do trabalhador e com auxílio do Estado, que fica na incumbência de criar escolas e faculdades técnicas e tecnológicas.

Desse modo, desde os anos 1990, o País tem criado programas oficiais – como o Programa Estadual de Qualificação do Estado de São Paulo – PEQ[219] –, cujo objetivo era promover a qualificação profissional.

Ozir Tesser, por exemplo, assevera que programas como o PEQ têm baixa eficácia no cumprimento de seus objetivos, por causarem pouco impacto no mercado de trabalho[220].

[215] ANTUNES, Ricardo. **Os sentidos do trabalho.** São Paulo: Boitempo, 1999; e CHESNAIS, François. **A mundialização do capital.** São Paulo: Xamã, 1996.

[216] POCHMANN, Márcio. **O emprego na globalização,** cit., 2001.

[217] TESSER, Ozir. Op. cit.

[218] Aqui é possível invocar a questão da dominação hegemônica de Gramsci.

[219] Ver: [http://www.emprego.sp.gov.br/qualificacao-profissional/peq-programa-estadual-de-qualificacao-profissional/].

[220] Fábio Fonseca Figueiredo, autor do artigo "Conjecturas sobre o desemprego a partir do desenvolvimento tecnológico na sociedade contemporânea" informa que em 1988 "participou como estagiário de uma pesquisa que verificou os impactos na renda dos trabalhadores que haviam participado dos cursos de formação profissional promovido pelo PEQ no estado do Rio Grande do Norte, no ano de 1997. Como resultados daquele trabalho, constatou-se

Deixando a América do Sul e passando para parte da Europa, a realidade parece não mudar muito.

O Ministério da Educação da Espanha[221] referia em 2006 que somente 40% dos licenciados (graduados) do país conseguiam um trabalho condizente com seu nível de estudos. Tais dados engrossam os índices de desemprego da população entre vinte e cinco e trinta e quatro anos, que foi de 11%, bem superior à média dos demais países europeus que foi de 6%.

Dados mais recentes caminham no sentido de que o desemprego na Espanha sofreu leve queda, após anos de alta, mas manteve-se em 23,4% em janeiro de 2015,[222] sendo classificado como "problema persistente"[223]. Em novembro de 2021 havia diminuído consideravelmente, mas ainda continuava com alarmantes 14,1%, como informou o Eurostat[224].

4.5. Reprodução do capital pela precarização do trabalho e do empobrecimento da população

François Chesnais observa que a assunção, pelo comércio exterior, de perspectivas liberais acaba por impor às classes operárias dos países centrais a chamada "flexibilização dos direitos trabalhistas", além do afastamento de algumas conquistas trabalhistas, do rebaixamento salarial e da redução de postos de trabalho. Tal alinhamento de condições desfavoráveis deve caminhar para todo o mundo:

> A mundialização – ou globalização – é o resultado de dois movimentos conjuntos, estritamente interligados, mas distintos. O primeiro pode ser caracterizado como a mais longa fase de acumulação ininterrupta do

o fato dos trabalhadores haverem realizado diversos cursos de qualificação não resultou em aumento nos rendimentos. Também, chamou a atenção o fato de que a formação oferecida pelo PEQ priorizou a formação a atividades laborais de baixo nível de qualificação técnica". *Vide* [http://www.ub.edu/geocrit/b3w-878.htm#_ednref10].

[221] Diego, Enrique de. **Mileuristas**: los nuevos pobres. Madrid: Rambla Media Ediciones, 2008.

[222] Dados fornecidos pelo Eurostat e disponíveis em: [http://ec.europa.eu/euro stat/help/new-eurostat-website].

[223] Disponível em: [http://www1.folha.uol.com.br/mercado/2014/12/1567288-desemprego-na-espanha-e-problema-persistente.shtml].

[224] *Vide* [https://ec.europa.eu/eurostat/documents/2995521/14084165/3-10012022-AP-EN.pdf/53ac483e-71d9-3093-5bd8-12f1ea89683a].

capital que o capitalismo conheceu desde 1914. O segundo diz respeito às políticas de liberalização, de privatização, de desregulamentação e de desmantelamento de conquistas sociais e democráticas, que foram aplicadas desde o início da década de 1980, sob o impulso dos Governos Thatcher e Reagan[225].

O empobrecimento da população mundial é sentido também nos países centrais. Em 2007, o Comitê Econômico e Social do Parlamento Europeu expressamente mencionou que estar empregado não significa estar excluído da faixa de pobreza da população, ou seja, o percentual de pessoas à margem da pobreza continua elevado, mesmo em relação a trabalhadores que estão inseridos no mercado de trabalho[226].

O Eurostat, em 2009[227], confirmou essas informações, asseverando que os índices médios de reajuste de salário entre 2008 e 2009 na região foram de 3,5%, com exceção de Romênia (16,7%) e Letônia (11,1%), mas tais países, embora tenham elevado seus salários-mínimos a índices superiores aos demais países do bloco, ainda são detentores de salários-mínimos muito abaixo da média[228].

O desemprego na Europa, segundo dados do Eurostat, estava, em janeiro de 2015, em 11,5%[229], e em novembro de 2021 tinha diminuído para 7,2% na zona do euro e 6,5% na União Europeia (UE)[230].

Conforme se observa, não basta solucionar a questão da existência de emprego. Importante analisar as condições a que estão sendo submetidos os trabalhadores[231].

225 CHESNAIS, François, cit., p. 34.

226 Parlamento europeu debate salários-mínimos da UE: entre os €92 e os €1570, (EUROPA, 2007) [http://www.europarl.europa.eu/sides/getDoc.do?language=PT&type=IM-PRESS&reference=20070913STO10373].

227 Population and social conditions, EUROSTAT (2009) [http://epp.euro stat.ec.europa.eu/portal/page/portal/product_details/publication?p_product_code=KS-QA-09-029].

228 Dados mais recentes não revelam grandes alterações: [http://ec.europa. eu/eurostat/statistics-explained/index.php/Minimum_wage_statistics/pt].

229 Euro area unemployment rate at 11.5%. Departamento Europeu de Estatísticas, 2015. Disponível em: [http://ec.europa.eu/eurostat/documents/2995521/6454659/3-07012015-AP-EN.pdf/f4d2866e-0562-49f5-8f29-67e1be16f50a].

230 *Vide* [https://ec.europa.eu/eurostat/documents/2995521/14084165/3-10012022-AP-EN.pdf/53ac483e-71d9-3093-5bd8-12f1ea89683a].

231 ARAÚJO, Elisangela; GARCIA, Maria de Fátima, ARAÚJO, Eliane e CASTILHO, Mara Lucy. Emprego, salário e demanda agregada: análise teórica e evidências empíricas. Disponível

Celso Furtado[232] lembra que os capitais produtivos internacionais têm migrado para os países periféricos com objetivo de obter vantagens nos diferentes mercados consumidores de bens, que tenham abundância em recursos naturais e com baixo valor da mão de obra, favorecido pela desregulamentação das relações e leis trabalhistas.

Infelizmente, o Brasil tem caminhado para realizar a vontade do capital volátil internacional. Em 2017 foi aprovado pelo Congresso Nacional a Lei n. 13.429/2017, chamada de "Lei das Terceirizações", que alterou dispositivos da Lei n. 6.019/1974, ampliando a possibilidade de terceirização, mas desde 2004 tramita o Projeto de Lei da Terceirização (PL 4.330/2004), que visa regulamentar a possibilidade de terceirização da atividade fim das empresas, projeto que recebeu duras críticas de boa parte da sociedade brasileira[233].

Ademais, em julgamento encerrado em 12 de agosto de 2020, o Supremo Tribunal Federal (STF) reconheceu a licitude de terceirização em atividade-fim, ao julgar procedentes a Arguição de Descumprimento de Preceito Fundamental (ADP) nº 324 e o Recurso Extraordinário (RE) nº 958252, ambos tendo como objeto de discussão a inconstitucionalidade da Súmula nº 331 do Tribunal Superior do Trabalho (TST), que restringe a possibilidade de terceirização em atividades-fim. Os Ministros concluíram, por maioria, existir inconstitucionalidade na Súmula nº 331 do TST, por ofensa aos princípios da legalidade, da livre iniciativa, da livre concorrência e aos valores sociais do trabalho, reconhecendo como lícita a terceirização em quaisquer atividades empresariais. Tal julgamento resultou no Tema 725 de repercussão geral do STF – Terceirização de serviços para a consecução da atividade-fim da empresa –, com o seguinte teor: "É lícita a terceirização ou qualquer outra forma de divisão do trabalho entre pessoas jurídicas distintas, independentemente do objeto social das empresas envolvidas, mantida a responsabilidade subsidiária da empresa contratante".

em: [http://www.anpec.org.br/sul/2013/submissao/files_I/i6-3f371b07c2aef062508097230 33fcd0a.pdf].

232 Furtado, Celso. **Em busca de um novo modelo**: reflexões sobre a crise contemporânea. 2. ed. São Paulo: Paz e Terra, 2002.

233 Ver: [http://www.anamatra.org.br/index.php/artigos/criticas-ao-projeto-de-lei-da-terceiri zacao-pl-4-330-2004].

Há um endurecimento do capital mundial em relação aos trabalhadores: se em dada região do mundo o melhor avanço do capital ocorre pela implantação de alta tecnologia, então esta será intensificada. Se, porém, a combinação de tecnologias *ultrapassadas* e mão de obra de baixa qualificação redundar em maior remuneração ao capitalista, ele manterá, então, a forma de organização do trabalho vigente.

O movimento, portanto, rumo à alta tecnologia em escala global ainda é um processo heterogêneo, com a distribuição da alta tecnologia ainda a formar ilhas cercadas por países pouco desenvolvidos do ponto de vista tecnológico e, consequentemente, pouco incluídos nas escalas globais.

Esta combinação de várias formas de produção industrial gera, consequentemente, maiores índices de desemprego, sucateamento das relações trabalhistas e empobrecimento da população.

A Organização Internacional do Trabalho[234] (OIT), no início da década de 1990, estimava que três bilhões de pessoas viviam em estado de desemprego ou subempregadas e no nível rudimentar de pobreza.

Em janeiro de 2013, o desemprego no mundo voltou a subir depois de apresentar diminuição entre 2011 e 2012, com tendência a aumentar, como advertiu a OIT por meio de relatório[235].

Conforme as estimativas, o número de desempregados subiu 4,2 milhões, atingindo 197 milhões de pessoas, taxa de desemprego de 5,9%, com 1/4 do aumento concentrado nas economias desenvolvidas e 3/4 em outras regiões do mundo como Ásia Orientar, Ásia Meridional e África Subsaariana.

Na América Latina as taxas de desemprego se mantiveram entre 9-10%, desde a segunda metade dos anos 1990, enquanto os salários na região estagnaram.

Em 2012, a OIT[236] reportou uma pequena melhora na região com desemprego médio de 6,6%, taxa menor aos 7,8% de 2009. Entretanto, o

[234] CARVALHO, Alba Maria. Globalização em questão: subsídios para análise do mundo que vivemos. In: RIGOTTO, Raquel Maria. (org.). **As tramas da (in)sustentabilidade**: trabalho, meio ambiente e saúde no Ceará. Fortaleza: Inesp, 2001.

[235] OIT. Global employment trends 2013 – Recovering from a second jobs dip. Disponível em: [http://www.oitbrasil.org.br/sites/default/files/topic/gender/doc/tendenciasmundiasdeemprego13completo_974.pdf]

[236] Ver: [http://www.oitbrasil.org.br/sites/default/files/topic/gender/doc/tendencias2013regional_974.pdf].

relatório não individualiza as economias dos diversos países e não é claro quanto ao trabalho informal, mencionando apenas que houve redução.

Em 2020, época em que havia ocorrido melhora em relação aos índices de desemprego, o mundo teve de enfrentar a pandemia decorrente da Covid-19, que acabou por afetar globalmente a economia, elevando novamente os índices de desemprego.

Segundo a Organização Internacional do Trabalho (OIT), em relatório divulgado em janeiro de 2022, a recuperação do mercado de trabalho continuará lenta e incerta. A projeção é de que o déficit em horas trabalhadas globalmente em 2022 será equivalente a 52 milhões de postos de trabalho a tempo integral, ficando quase 2% abaixo do número de horas trabalhadas no período pré-pandemia. Já a América Latina recupera-se mais lentamente do que o restante do mundo, visto que a taxa de ocupação na região para 2022 deverá ser 1,5% abaixo do que em 2019, representando déficit na força de trabalho de 40 milhões de empregos[237].

A OIT também calculou que, em 2022, 207 milhões de pessoas estarão sem trabalho no mundo, enquanto em 2019, antes da Covid-19, o total era de 189 milhões, com tendência de maior desemprego pelo menos até 2023.

Deve-se considerar que a produtividade acaba crescendo a partir do nascimento da ideia de *produção flexível*, com a intervenção do processo econômico e o aprofundamento da exploração do trabalho:

> No capitalismo atual, a valorização do capital utiliza uma combinação de procedimentos para a extração de mais-valia, tanto absoluta quanto relativa, através do rebaixamento dos níveis salariais, da intensificação da produtividade do trabalho, do uso de novos materiais e da integração dos novos mercados de trabalho e consumo[238].

Ademais, há desemprego em dimensões estruturais, o que leva à precariedade cada vez maior do trabalho, em escala global[239].

[237] *Vide* [https://news.un.org/pt/story/2022/01/1776612].

[238] Arrais Neto, Enéas de Araújo. A educação para uma sociedade de alta qualificação profissional, cit., p. 36.

[239] Antunes, Ricardo. **Os sentidos do trabalho**, cit., p. 104.

Informe da OIT[240] de 2014 demonstrou que, apesar do salto dado pelo comércio internacional para 60% do produto interno bruto mundial, a geração de emprego esteve inferior aos patamares do crescimento da economia dos países. Assim, os resultados demonstram o declínio das condições de trabalho e o aumento do setor informal da economia, nos países centrais e nos países periféricos.

No Brasil, há diversas conformações produtivas com estratégias voltadas para a precarização do trabalho e a diminuição nos salários dos trabalhadores. Por exemplo, nas indústrias têxteis que mantêm suas matrizes tecnológicas no centro-sul e cadeia produtiva de modo rudimentar em estados menos abastados, onde os salários são mais baixos, apesar do potencial econômico e logístico, além dos estímulos governamentais.

Retirando-se o caráter ideológico da afirmação[241], Jorge Mattoso indica o desemprego e a precarização das condições de trabalho como fenômenos nacionais, intensos e jamais ocorridos na história do Brasil, pois,

> (...) o país nunca conviveu com um desemprego tão elevado, tampouco com um grau crescente de deterioração das condições de trabalho, com o crescimento vertiginoso do trabalho temporário, por tempo determinado, sem renda fixa ou em tempo parcial, enfim, os milhares de bicos que se espalharam pelo país[242].

Pode-se observar um retorno à forma de exploração do trabalho semelhante às formulações clássicas marxianas sobre a extração da mais-valia em dois sentidos:

> A mais-valia produzida pelo prolongamento da jornada de trabalho chamo de mais-valia absoluta; a mais-valia que, ao contrário, decorre da redução do tempo de trabalho e da correspondente mudança da

240 Ver: La globalización y el empleo en el sector informal en los países en desarrollo. Disponível em: [http://www.ilo.org/wcmsp5/groups/public/@dgre ports/@dcomm/documents/publication/wcms_115088.pdf]. Acesso em: julho 2014.

241 O livro trata da década de 1990 do século XX, momento em que o Partido dos Trabalhadores não estava no poder, mas a situação do emprego apenas se agravou no passar dos anos, já sob o governo petista.

242 Mattoso, Jorge. **O Brasil desempregado**: como foram destruídos mais de três milhões de empregos nos anos 90. São Paulo: Perseu Abramo, 2001. Coleção Brasil Urgente, p. 9.

proporção entre os dois componentes da jornada de trabalho chamo de mais-valia relativa[243].

Entrementes, inúmeros são os exemplos de exploração da mais-valia, como no caso das constantes criações de bancos de horas pelas empresas que jamais são gozados, ou das constantes tentativas de redução das jornadas de trabalho pela indústria automobilística quando há redução do consumo, muito embora haja por parte do governo, historicamente, várias tentativas de promover esta indústria, com a redução da carga tributária sobre os produtos que dela derivam.

4.6. Novas tecnologias digitais: comunicação e informação na sociedade atual

A história humana é marcada por modificações nos processos de estruturação e conformação da sociedade. Todo processo de transformação nas esferas política, social e tecnológica sempre provocou inúmeras modificações, por vezes trágicas, nos campos da epistemologia, principalmente nas relações indivíduos-coletividades.

No atual processo de globalização houve a eleição da busca feroz por novas tecnologias como fator fundamental de alimentação do mercado. Com o passar do tempo, esse ponto tem se tornado verdade inquestionável, estabelecendo-se um discurso ideológico hegemônico sobre o mundo atual com implicações na economia e na política internacional.

Na verdade, mudanças e revoluções tecnológicas têm ocorrido no decorrer da história humana, especialmente desde o século XVIII, na Inglaterra, centro da Primeira Revolução Industrial, fundamentalmente baseada nos avanços tecnológicos do vapor que desvalorizaram o trabalho muscular.

A Segunda Revolução Industrial, de cunho tecnológico, teve como alteração principal a desvalorização do trabalho mental de rotina e que ocorreu principalmente nos Estados Unidos e na Alemanha, já nos últimos anos do século XIX, e que teve como mudanças fundamentais aquelas operadas pela manipulação humana da eletricidade, com o desenvolvimento de indústrias química, elétrica, de petróleo e aço, além do progresso dos meios de transporte e comunicação.

243 Marx, Karl. **O capital.** São Paulo: Nova Cultural, 1996, p. 432.

A Terceira Revolução Industrial, marcada pela substituição gradual da mecânica analógica pela digital, baseia-se na fluidez das novas tecnologias de informação e no uso do computador como instrumento vital de comunicação com repercussões nas esferas econômicas e de poder.

Estamos hoje diante da Quarta Revolução Industrial, que traz consigo tendência à automatização total das fábricas. Redes de comunicação percorrem o planeta, tornando possível a circulação rápida do capital financeiro em um mundo conectado por redes, o que redunda em instabilidades nos fluxos de capital, nas economias nacionais periféricas, por exemplo, pelos constantes ataques especulativos, por vezes, fatais para o desenvolvimento desses países.

Em outros termos: a globalização econômica traz uma nova realidade no âmbito da informação e, consequentemente, traz novos paradigmas econômicos e produtivos, bem como altos índices mundiais de desemprego.

As novas tecnologias são alcançadas pelos países antes denominados de primeiro mundo, que estão mais bem aparelhados do ponto de vista econômico e da aquisição de novos conhecimentos. Não houve, portanto, um momento histórico de nivelamento entre esses países e os pobres, ou em desenvolvimento, que, alijados desses processos, concentram-se em outras estruturas, como as de produção manufatureira de baixo custo ou de produção agrícola, conforme ponderou Milton Santos:

> A globalização marca um momento de ruptura nesse processo de evolução social e moral que se vinha fazendo nos séculos precedentes. É irônico recordar que o progresso técnico aparecia, desde os séculos anteriores, como uma condição para realizar essa sonhada globalização com a mais completa humanização da vida no planeta. Finalmente, quando esse progresso técnico alcança um nível superior, a globalização se realiza, mas não a serviço da humanidade.
>
> A globalização mata a noção de solidariedade, devolve o homem à condição primitiva do cada um por si e, como se voltássemos a ser animais da selva, reduz as noções de moralidade pública e particular a um quase nada[244].

[244] Santos, Milton. **Por uma outra globalização,** cit., p. 64-65.

Elas, as novas tecnologias, tornaram-se uma espécie de "reforço da lógica do capitalismo financeiro global", auxiliando na expansão dos mercados globalizados e na acumulação do capital. Mais que isso: a revolução digital auxilia na alteração das relações de trabalho, pois a partir dela é possível utilizar mão de obra barata, oriunda de lugares remotos, jamais imaginados, sob o ponto de vista da escala empresarial, pela sociedade humana. Nestes termos, Gilberto Dupas assevera que:

> O técnico atual aspira tornar-se um deus cibernético. No início da filosofia, supôs-se que a lógica poderia prover essa técnica suprema, cobrir as questões fundamentais, afastar o equívoco e alcançar o consolo do pensamento unívoco. O filósofo da era da informação apoia-se no caráter tecnológico da sociedade moderna e se torna um operador imbuído do propósito de reduzir as ambiguidades do mundo cotidiano. No entanto, como cabe ao filósofo entender o ser racionalmente, a técnica atual se apresenta capaz de caracterizar a própria racionalidade. Racionalizar significaria submeter o processo à técnica e, desse modo, livrá-lo de seus excessos (irracionalidade); o que é muito do que o filósofo reivindica fazer: dar um sentido racional ao ser. Pode-se dizer coisa parecida a respeito dos fins. A técnica nos possibilita o "saber como" e não o "saber por que". Ela nos ensina como fazer certas coisas, mas não o porquê se deva fazê-las[245].

A tecnologia permite aumentar os níveis de armazenamento, processamento e análise de informações e criar relações entre milhões de dados transmitidos e recebidos, razão pela qual o computador é o ícone principal desta nova Era.

Por meio dela, a tecnologia da informação, foi possível criar paradigmas nos âmbitos econômico e trabalhista e, por outro lado, é um dos motes da ampliação significativa e da cristalização das desigualdades entre os países ricos e os pobres. Mesmo dentro de cada país, é um dos responsáveis pelo aprofundamento do distanciamento entre aqueles que dominam a tecnologia da informação e os excluídos digitalmente.

Para grande parte da população dos países periféricos, o acesso aos milhões de sites existentes é bastante custoso, o que dificulta o acesso

[245] DUPAS, Gilberto. **Ética e poder na sociedade da informação**, cit., p. 81-82.

amplo. Diante disso, os excluídos restam alijados de relações sociais que se estabelecem gradativamente nesse plano, não conseguindo, portanto, se conectar à parte que está incluída e possui navegação via Internet, com o estímulo constante à criatividade e à descoberta de uma rede extensa e intensa de informações, que ampliam conhecimentos sobre o planeta.

A exclusão digital, portanto, é um dos grandes problemas a serem enfrentados neste período revolucionário da comunicação em rede, pois tal exclusão nasce como obstáculo à redução da já arraigada exclusão social, haja vista que as principais atividades econômicas, governamentais e culturais estão paulatinamente sendo transferidas, praticadas e divulgadas por meio da comunicação informacional digital, como menciona Milton Santos:

> Esta exclusão atual, com a produção de dívidas sociais, obedece a um processo racional, uma racionalidade sem razão, mas que comanda as ações hegemônicas e arrasta as demais ações. Os excluídos são o fruto dessa racionalidade. Por aí se vê que a questão capital é o entendimento do nosso tempo, sem o qual será impossível construir o discurso da liberação. Este, desde que seja simples e veraz, poderá ser a base intelectual da política[246].

É natural ao desenvolvimento do capitalismo que as novas tecnologias causem aumento na produtividade e reduções nas condições salariais ou perdas de emprego. Mas a fase atual das inovações tecnológicas de informação aprofunda essas questões de modo radical, por importar em alta capacidade de volatilidade do capital como fator de motivação para níveis maiores de exploração de mão de obra, progressivamente barata, e o aproveitamento de custos cada vez menores de transporte e comunicação nos países que trabalham com baixos salários e condições insalubres de trabalho. Nas palavras de João Bernardo:

> A globalização do capital alcançou um estágio superior e converteu-se em transnacionalização. Mais do que a junção de fronteiras, trata-se da passagem por cima das fronteiras. Por isso a terminologia de "compa-

246 Santos, Milton. **Por uma outra globalização**, cit., p. 74.

nhias multinacionais", comumente usada, deve ser substituída pela de "companhias transnacionais", que nos indica a especificidade deste tipo de empresas. Elas não juntam nações – passam por cima delas.

Para compreendermos as principais implicações deste processo temos de proceder a uma mudança radical de perspectiva. Nós estamos habituados a considerar a economia mundial como um sistema de relações entre países, e é assim que a imprensa apresenta geralmente a questão. Todavia, se adotarmos o ponto de vista das sociedades transnacionais, verificamos que grande parte do comércio que as estatísticas oficiais contabilizam como externo é, na realidade, um comércio interno, constituído por transações entre matrizes e filiais. Esta alteração de perspectivas não ocorre apenas no plano econômico, mas no político também, porque as fronteiras entre países marcam a amplitude da esfera de ação de cada governo, e portanto a amplitude do Estado Restrito, enquanto a divisão entre as companhias transnacionais decorre diretamente do sistema de poder das empresas e, por isso, tem lugar no Estado amplo[247]-[248].

Há uma percepção latente no sentido de que essa nova exclusão aponta para a necessidade de se redefinir a extensão da cidadania a partir das novas tecnologias da informação, razão pela qual o significado do papel do Estado Nacional, da sociedade civil e do mercado tende a passar por novas reflexões.

Dessarte, não se pode negar a importância estratégica das redes de informações internacionais em termos de circulação de conhecimentos científicos utilizados na indústria, que representam meio de conexão entre a produção, o mercado e o capital especulativo.

A utilização de novas tecnologias tem se alastrado, mas esse incremento tecnológico, ao invés de ampliar o bem-estar do cidadão e contribuir para o progresso da civilização tem, ao contrário, tornado mais

[247] Bernardo, João. **Transnacionalização do capital e fragmentação dos trabalhadores**: ainda há lugar para os sindicatos? São Paulo: Boitempo, 2000, p. 39.

[248] Não por acaso, empresas "globalizadas" estão no topo das listas que aferem a eticidade da atividade empresarial ([http://ethisphere.com/worlds-most-ethi cal/wme-honorees/]). Seriam elas portadoras de um legado ético perdido desde tempos atrás ou seriam responsáveis pela imposição global de uma forma de comportamento extremamente padronizado?

precário o trabalho, além de fragmentar em demasia elementos da sociedade civil.

Há certa euforia quanto ao uso da informática e à crescente exploração na economia mundial da utilização em escala de produção industrial dos computadores, fazendo ressurgir a questão do subtrabalho, da flexibilização das legislações e das relações trabalhistas com o aprofundamento da velha questão da mais-valia como instrumento de sustentação das estruturas sociais.

Ocorre, em outro turno, certa idolatria do mercado e demonização do Estado (talvez por ele funcionar como um observador e regulador das relações privadas, obstando o aprofundamento da exploração), exaltação do capital especulativo e do individualismo egocêntrico.

As facetas dessas questões põem a lume a elevação crescente da questão do mercado de consumo, como ponto fundamental das relações que se formam no decorrer dos fins do século XX e início do século XXI.

O fetichismo do consumo é mais exacerbado pela janela que se abre em cada casa através da internet e da televisão. Não importam as relações sociais e dificuldades trabalhistas que cada um tenha, pois o consumo passa a ser o "calmante letárgico" para as feridas dessas pessoas. Mais do que isso: o avanço tecnológico cria outro meio de alastramento dessas questões, mas de forma inadvertida. A velocidade das relações estabelecidas a partir da Revolução Tecnológica atual é responsável pelo aprofundamento dos problemas sociais.

4.7. Relações trabalhistas e sindicalismo contemporâneos

As relações de trabalho têm passado por metamorfoses profundas nos últimos anos, especialmente nos países centrais, em razão das inovações tecnológicas, com repercussões importantes nos países periféricos. Como consequência desse movimento, iniciou-se um processo de "desproletarização do trabalho industrial", ou seja, a diminuição da classe operária industrial tradicional.

No meio rural, além do êxodo em direção à cidade já conhecido, há também reflexos em vários países da queda da utilização de mão de obra humana por conta da utilização de maquinário agrícola sofisticado e de elementos próprios do desenvolvimento da biotecnologia de alta complexidade.

O trabalho tem se tornado, além disso, altamente fragmentado, com uso, por exemplo, de terceirizações e subcontratações, com insalubridade nos ambientes de trabalho, pontos diretamente vinculados à economia informal.

À vista disso, o trabalho cronometrado e a produção em série passaram a ser substituídos pela flexibilização da produção, aliados ao reforço retórico da necessidade de comprometimento dos trabalhadores a metas fixadas unilateralmente pelas empresas, cada vez maiores.

É possível, por exemplo, em dados ramos de atividade, trocar a ida diária do trabalhador ao ambiente de trabalho, para cumprir suas oito horas diárias, pelo chamado trabalho remoto, *homework, home office* ou teletrabalho, atrelando-se essa "benesse" ao cumprimento de metas previamente elaboradas. Pois bem. Sem que se perceba, as metas traçadas são progressivas e exigem do trabalhador a dedicação por horas a fio. No final das contas, as oito horas diárias que, normalmente, comportariam até duas horas a mais de horas extras, são transformadas em doze, quatorze horas ininterruptas de trabalho em *homework*. A realidade corrente abre espaço para a flexibilização dos direitos sociais e trabalhistas.

Com a pandemia decorrente da Covid-19, decretada pela Organização Mundial da Saúde em 11 de março de 2020, esse processo ganhou escala e podemos dizer que veio para ficar, mesmo com o término das medidas sanitárias adotadas nesse período.

Muitas empresas permanecerão com o modelo *homeoffice*, em razão da considerável economia de custos com aluguel, transporte, energia etc.[249].

Aliás, a Medida Provisória n. 927, de 22 de março de 2020, passou a permitir que os empregadores possam converter o trabalho presencial para teletrabalho, mantendo as características que antes existiam na jornada interna na empresa.

O art. 2º da CLT estabelece que o empregador tem a obrigação de custear as despesas de seu negócio. Em outras palavras, o colaborador que trabalha remotamente passa a ter custos adicionais para executar sua função, por isso a empresa deve responsabilizar-se pelos referidos gastos.

[249] Vide https://www12.senado.leg.br/noticias/infomaterias/2020/07/teletrabalho-ganha-impulso-na-pandemia-mas-regulacao-e-objeto-de-controversia. Acesso em: abr. 2022.

Além dos custos do funcionário com energia elétrica, água e internet, pois ele está a trabalhar em casa, ressalte-se que a empresa ajudará na questão da infraestrutura, fornecendo equipamentos e mobiliários como mesa, cadeira e outros que sejam indispensáveis para as atividades laborais.

O empregado não pode ser onerado de nenhuma forma, e a empresa tem o dever de fornecer toda a estrutura e arcar com todas as despesas que sejam indispensáveis para a atividade.

A referida medida provisória tinha força de lei. Com a perda de sua validade, as regras estão revogadas e, consequentemente, voltaram a produzir efeitos as previsões da Consolidação das Leis do Trabalho (CLT), a partir de 20 de julho de 2020. Os atos praticados durante a vigência da MP são válidos, obviamente se respeitados os parâmetros estabelecidos naquele momento.

Voltando à regra geral da CLT, o empregador deixa de determinar unilateralmente a alteração do regime de trabalho do presencial para o remoto. A adoção do teletrabalho dependerá de prévio acordo entre as partes, em contrato escrito, com especificação das atividades que serão realizadas pelo empregado.

Conforme exposto, a "flexibilização" fez-se necessária diante dos novos tempos, ainda mais com o advento da pandemia, pois, em um curto espaço de tempo, trabalhadores e empresas tiveram suas vidas transformadas, tendo que se adequar às possibilidades que o teletrabalho proporcionou.

Catharino ressalta importantes ensinamentos sobre a flexibilização:

> Tratando-se de um fenômeno recente (começado na década de 1980), e estando em expansão, ainda é muito difícil defini-lo, tanto que Eduardo J. Ameglio preferiu falar da "ideia de flexibilidade". Entretanto, admite para dar conteúdo jurídico "a esta ideia", valer-se da opinião de autores espanhóis que consideraram ser "a flexibilidade", basicamente, capacidade de adaptação do regime normativo e do das instituições à vontade unilateral ou bilateral das partes da relação de trabalho. Mais ainda, considera que "a flexibilidade significa fundamentalmente adequação da normativa laboral e concomitantemente uma diversificação dos níveis de proteção que brinda a seguridade social"[250].

[250] CATHARINO, José Martins. **Neoliberalismo e sequela**. São Paulo: LTr, 1997, p. 47.

O avanço tecnológico modificou substancialmente, por exemplo, as organizações do universo fabril, propiciando uma nova divisão internacional do trabalho que tem como referência histórica o "toyotismo" que, nas palavras de Ruy Braga, significou:

> (...) soluções encontradas pela Toyota, portanto, são um produto direto da intransigência do capital, primeiro em não ceder à ofensiva sindical contra a reestruturação e, após demitir em massa os operários grevistas, em não voltar a contratá-los, mesmo diante do incremento da demanda engendrada pela Guerra da Coreia. Para os diretores da Toyota, tratava-se de suprir a oferta de produtos sem recorrer à admissão de novos operários. A automação, a reestruturação imposta pelo capital financeiro (com importante redução de pessoal e a adaptação da produção às vendas), o método *kanban* (técnica de gestão de estoques inspirada no exemplo dos supermercados norte-americanos), constituíram-se em soluções capitalistas às condições concretas da luta de classes[251].

O toyotismo é, portanto, modo eficaz de racionalização do trabalho, com consequências diretas para o trabalhador, pois, para implementar o *kanban*, as empresas utilizam o método de "desespecialização" ou "polivalência" no trabalho pelos trabalhadores.

Foi essa experiência que possibilitou a elaboração de um conjunto de "princípios" mais apropriados ao enfrentamento da crise do capitalismo contemporâneo, sob a regência dos donos do capital, no cenário de alta competitividade global.

Para completar tal situação, o sindicalismo, em nível mundial, mostra-se desarticulado para servir como interlocutor nas relações entre "patrões e empregados", principalmente em tempos de "uberização"[252]

[251] Braga, Ruy. **A restauração do capital** – um estudo da crise contemporânea. São Paulo: Xamã, 1996. p. 245.

[252] Neologismo que descreve a mercantilização total de uma atividade econômica baseada em serviços, com falsas evidências de empreendedorismo. O fenômeno da "uberização" consolidou empresas que intermedeiam a demanda de trabalhadores cada vez mais informais. Se, por um lado, fomenta o surgimento de novas oportunidades de trabalho, por outro propicia precarização da mão de obra, já que tais trabalhadores passam a não ter mais vínculos empregatícios. O Brasil já foi considerado 2º maior mercado do mundo e hoje conta com mais de 1 milhão de motoristas e entregadores cadastrados. *Vide* https://machine.global/numeros-da-uber/.

do trabalho, o que deu ensejo ao fenômeno da "dessindicalização" em nível global. Outros fatores contribuíram para essa realidade atual como: a redução do papel político dos sindicatos, a desregulamentação do mercado de trabalho, a precarização do emprego, a terceirização e o aumento do trabalho informal.

Quanto à uberização, passou a ser questionado na justiça o vínculo empregatício dos motoristas com as empresas de aplicativos, na medida em que os primeiros passaram a alegar que preenchem os requisitos formadores da relação empregatícia, definidos no art. 3º da CLT: subordinação, uma vez que o "empregador" manteria o empregado sob suas ordens e comando; habitualidade, por não se tratar de trabalho eventual, mas contínuo; onerosidade, por se tratar da contraprestação devida ao trabalhador pelos serviços prestados em um determinado período; pessoalidade, pois o motorista "empregado" não pode designar um substituto no seu lugar para atender ao serviço de transporte de passageiros.

As empresas, por sua vez, alegam que os motoristas não são subordinados, uma vez que eles têm a opção de escolher quando e onde trabalhar. Além disso, declaram que apenas conectam os motoristas com os passageiros, e excluem, portanto, a responsabilidade trabalhista e consumerista[253].

Apesar de alguns países, a exemplo da Alemanha, reconhecerem os vínculos trabalhistas entre os motoristas e a Uber, isso não vincula as decisões no Brasil. Aliás, cada país tem sua legislação e são independentes[254].

[253] Antunes e Filgueiras afirmam: "Em nosso entendimento, entretanto, a chamada uberização do trabalho somente pode ser compreendida e utilizada como expressão de modos de ser do trabalho que se expandem nas plataformas digitais, onde as relações de trabalho são cada vez mais individualizadas (sempre que isso for possível) e invisibilizadas, de modo a assumir a aparência de prestação de serviços. Mas, os traços constitutivos de sua concretude, como veremos a seguir, são expressão de formas diferenciadas de assalariamento, comportando tanto obtenção de lucro, exploração do mais valor e também espoliação do trabalho, ao transferir os custos para seus/suas trabalhadores/as que passam a depender diretamente do financiamento de suas despesas, que são imprescindíveis para a realização de seu labor". *Vide* ANTUNES, Ricardo; FILGUEIRAS, Vitor. Plataformas digitais, Uberização do trabalho e regulação no Capitalismo contemporâneo. Contracampo, Niterói, v. 39, n. 1, p. 27-43, abr./jul. 2020. Disponível em: https://periodicos.uff.br/contracampo/article/view/38901. Acesso em: 24 de nov. de 2020.

[254] Disponível em https://www.brasildefato.com.br/2021/05/01/motorista-de-aplicativo-entenda-decisoes-de-5-paises-que-comecam-a-garantir-direitos. Acessado em: 3 abr. 2022.

No Brasil, temos decisões divergentes sobre a questão do vínculo empregatício em várias instâncias. Por exemplo, a 3ª Turma do Tribunal Superior do Trabalho formou maioria para reconhecer a tese do vínculo de emprego em favor do motorista com o aplicativo Uber, no Processo 100353-02.2017.5.01.0066[255].

Na medida em que as relações trabalhistas evoluem, faz-se necessária a intervenção do Estado na regulamentação de leis trabalhistas para trabalho informal, como é o caso de motoristas de aplicativos, para atender ao princípio da dignidade da pessoa humana, garantindo uma gama de direitos fundamentais mínimos aos trabalhadores, como direitos trabalhistas e previdenciários.

Vólia Bomfim Cassar disciplina a matéria no seguinte sentido:

> O direito do trabalho reflete todo o pioneirismo do papel ativo do Estado priorizando o bem-estar social dos trabalhadores, intervindo nas relações privadas para pacificação das lutas de classes, tornando um direito, até então privado e individualista, em um direito voltado para o bem-estar social mínimo garantido aos trabalhadores, já que impõem regras básicas para o contrato de trabalho, dando uma feição de direito público a um direito privado, daí a publicização do direito. (...) A garantia de direitos mínimos ao trabalhador faz parte de um conjunto de valores humanos civilizatórios (mínimo existencial), que encontra respaldo no princípio da dignidade da pessoa humana previsto constitucionalmente como maior patrimônio da humanidade[256].

Nesse contexto, as novas tecnologias da informação provocam uma releitura da estrutura social do trabalho ou, em outros termos, o sistema de produção passa por profundas transformações nas últimas décadas, com fortes impactos em processo produtivo (flexibilização do processo produtivo), trabalho e estratégias de gestão empresarial.

A partir dessas perspectivas, percebe-se o novo paradigma de trabalhador integrado à produção flexível: altamente qualificado, polivalente, com grau mais elevado de responsabilidade e autonomia, recompensado

[255] Disponível em: https://www.migalhas.com.br/quentes/356651/tst-maioria-da-3-turma-ve-vinculo-entre-motorista-e-aplicativo. Acessado em 3 abr. 2022.

[256] Cassar, Vólia Bomfim. **Direito do Trabalho**. 9. ed. rev. e atual. Rio de Janeiro: Forense; São Paulo: Método, 2014, p. 26.

em seu trabalho por ser estimulado na própria estrutura produtiva para desenvolver sua "imaginação criativa", ou, de outro modo, aquele que tem condições de "agregar valor" ao cabedal da empresa, o que significa, em outros termos, quem poderá ceder à organização parte de sua própria capacidade de criação.

O trabalhador, portanto, cede à empresa elementos de sua potencialidade intelectual, que antes lhe pertenceriam como extensão de sua produção autoral em troca de um salário gradativamente reduzido.

Esse trabalhador é constantemente insuflado à reciclagem, uma vez que seu trabalho exige elevado preparo e flexibilidade intelectuais para enfrentar novas tecnologias progressivamente mais ágeis.

Além desse aspecto, há ainda o fato de o "artesão eletrônico" ter a impressão de possuir maior liberdade para agir, pois está constantemente conectado a uma rede de pequenas e microempresas espalhadas, com a tarefa de fornecer informações importantes que serão manipuladas e, consequentemente, transformadas em mercadorias. Nesse contexto, sente-se proprietário, comerciante de trabalho. Por fim, isola-se dos demais trabalhadores considerados "braçais", pois acredita estar em situação diferente dos demais. Não percebe que faz parte de uma conjuntura e que depende desta para manter-se dentro do mercado global.

Como consequência, em um mundo onde todos são "produtores de mercadorias", "empreendedores" de si mesmos, os sindicatos, organizações de luta laboral, parecem, assim, supérfluos, desnecessários, como todas as relações coletivas que estavam por trás da visão tradicional de mundo.

Difícil, nesse contexto, imaginar que as relações de trabalho sejam capazes de sustentar a noção de cidadania no atual estágio da globalização, mas é imprescindível que a cidadania [re]descubra potencialidades democráticas nas relações de trabalho, tornando-se imperativo que o trabalho seja compartilhado de modo mais democrático e da forma mais inclusiva possível, ou seja, firmando-se um novo "pacto social", no qual o trabalho humano interaja com a revolução tecnológica, criando mais riqueza e qualidade de vida. Para Boaventura de Souza Santos:

> O contrato social é a grande narrativa em que se funda a obrigação política moderna, uma obrigação complexa e contraditória porque foi estabelecida entre homens livres e, pelo menos em Rousseau, para

> maximizar e não para minimizar essa liberdade. O contrato social é assim a expressão de uma tensão dialética entre regulação social e emancipação social que se reproduz pela polarização constante entre vontade individual e vontade geral, entre o interesse particular e o bem comum. O Estado nacional, o direito e a educação cívica são os garantes do desenrolar pacífico e democrático dessa polarização num campo social que se designou por sociedade civil[257].

Esse componente simbólico é importante no atual estágio de coisas. É por meio do efeito simbológico de um pacto de solidariedade entre todos, que firmam as bases de uma nova sociedade, a qual podemos reafirmar questões que estão esquecidas nas relações humanas voltadas à fluidez e à efemeridade.

Houve aprofundamentos quantitativos no estigma da dialética inclusão/exclusão em nosso tempo como fruto do distanciamento entre "info-ricos" e "info-pobres". As oportunidades de trabalho são maiores para aqueles que têm acesso à sociedade da informação do que para os alijados dessa nova realidade social e digital. Os espaços rudimentares em que ainda é possível viver fora da realidade tecnológica vêm diminuindo, de modo que em pouco tempo será praticamente impossível realizar qualquer operação econômica ou social fora da realidade da informática.

Ressalte-se que as políticas liberais estão diante do fenômeno da globalização, com atenção especial à tendência de minimização do papel do Estado e sua intervenção na economia, e dos conflitos sociais, o que demonstra o reavivamento do contratualismo próprio do século XIX, cujas características principais eram a prevalência da negociação direta entre patrões e empregados (*laisser-faire*), a mais irrestrita liberdade do comércio internacional e abertura dos mercados.

Correto esse diagnóstico, o direito, em breve, passará a reavaliar pontos importantes como a relativização do *pacta sunt servanda* e da autonomia da vontade, que vinham sendo pontos cruciais de especialidades como o direito do consumidor.

Além disso, há a consolidação da lógica da redução dos direitos sociais, da flexibilização e da desregulamentação dos direitos trabalhistas

[257] SANTOS, Boaventura de Sousa. **Reinventar a democracia.** Lisboa: Gradiva, 1998, p. 5.

como questões relevantes para a inserção de países periféricos nas decisões internacionais.

Em outros termos, a economia globalizada cria condições para que as pessoas sejam consideradas dispensáveis no processo produtivo e impõe, por meio de organismos internacionais como FMI, Banco Mundial, União Europeia e outros, as regras que devem ser seguidas pelas economias nacionais que redundam em desnacionalização de parques industriais e superação da soberania nacional.

Uma postura neutra dos Estados-Nação no que tange a autorregulação de mercado não tem gerado melhores resultados no que tange à pacificação dos conflitos sociais. A lógica atual de mercado tem mais favorecido conflitos e rivalidades do que trazido soluções para os problemas sociais.

Nessa esteira, é inconcebível que as novidades tecnológicas sejam mais um agravante a provocar desemprego e pobreza, uma vez que deveriam concorrer para a redução da jornada de trabalho, melhoria na qualidade de vida daquele que trabalha e proporcionar bem-estar a todos os cidadãos. Ao contrário disso, na sociedade globalizada os investimentos em produção estão contidos em oposição ao crescimento do capital financeiro especulativo, o que auxilia na transformação substancial que temos visto na divisão internacional do trabalho.

Fluxos de trabalhadores migram para a nova estruturação do trabalho internacional com fortes relações com o capitalismo financeiro, o que pode ser verificado, por exemplo, com os grandes contingentes de engenheiros que passam a trabalhar em funções financeiras de grandes instituições bancárias ou como consultores em empresas administradoras de capital[258]. Assim percebemos o comando do novo capitalismo na reestruturação do trabalho e das empresas sob a égide da nova revolução tecnológica.

O aprofundamento da concorrência gera concentração do capital, o que confere maior importância para o papel social das grandes corporações.

Alguns países periféricos, como o Brasil, estão se tornando grandes celeiros de concorrência das grandes corporações que, com o auxílio

[258] Há textos que tratam do assunto: [http://exame.abril.com.br/revista-vo ce-sa/edicoes/169/noticias/engenheiros-fora-de-obras]; [http://www1.folha.uol. com.br/fsp/carreiraseempre gos/73152-guerra-por-engenheiros.shtml]. O IPEA tem estudos sobre o assunto.

do FMI e do BIRD, provocam o rebaixamento no custo do mercado de trabalho desses países e a desregulamentação do trabalho, com piora na distribuição de renda. Daí vêm os fortes *lobbys* institucionais que visam modificações na CLT e na legislação trabalhista brasileira de um modo geral. Para países periféricos são deslocadas grande parte das discussões atávicas do capitalismo que não tinham mais espaço nos países centrais e neles há possibilidade de problematizações que já estavam superadas nos Estados de Bem-Estar Social da Europa ou de tradição liberal, como os países britânicos.

Assim, é necessário repensar em novos tipos de estratégias que tenham como análise principal formas de ação protetiva quanto ao capital internacional e o sistema produtivo desenhado em escala global, pois o mundo do trabalho está diante de novas divisões do trabalho, impostas pelo capital internacional, como explica Gilmar Mauro:

> As novas tecnologias existem, e não se pode negá-las. Quando bem empregadas, proporcionam um salto de qualidade na vida econômica de determinado país. Mas o próprio uso de novas tecnologias deve ser discutido. Ou seja, mesmo tendo ciência de sua importância e da necessidade de sua utilização como fator de desenvolvimento econômico, é fundamental que elas sejam colocadas também na perspectiva de agregados de ganhos sociais e, portanto, ser implementadas de forma a consolidar políticas progressistas de melhoria de condições de vida objetivas dos trabalhadores. É até discutível a extensão do papel das novas tecnologias no avanço industrial imediato. Para alguns estudiosos, a preocupação com as máquinas levou à subestimação do papel de outros fatores na promoção do crescimento industrial, como a qualidade dos trabalhadores, o estoque de diferentes técnicas, a eficiência da organização industrial, entre outros[259].

Países pobres e endividados têm se tornado reféns da atual estrutura do processo de globalização, pois são obrigados a aceitar imposições feitas por credores, como o FMI e o Banco Mundial, que acabam por determinar os rumos das políticas econômicas de cada um deles.

[259] MAURO, Gilmar. **Capitalismo e luta política no Brasil**: na virada do milênio. São Paulo: Xamã, 2001. p. 91.

Além desse ponto, as novas tecnologias têm funcionado como componente ideológico nessa questão. A informação se alastra de forma rápida e os países centrais, com maior potencialidade tecnológica, espalham seus respectivos padrões culturais e estéticos, criando condições para a homogeneização dos padrões em relação aos países periféricos.

Os Estados nacionais não conseguem mais dar conta das demandas surgidas nesse novo cenário. Não se apresentam mais como mediadores hábeis dos conflitos e, portando, abre-se a possibilidade de rediscutir a questão do alcance das formações baseadas nas construções antigas de Estado.

Torna-se necessário interagir internacionalmente, apresentando um projeto de construção social alternativo a esse modelo globalizante, com discussões abertas sobre temas como divisão nacional e internacional do trabalho e concessão estatal da educação, desenvolvimento econômico e social, pois criar uma sociedade capaz de evoluir e dirimir suas crises de forma democrática e civilizada significa aprofundar o processo de autocrítica ao sistema vigente.

Os novos paradigmas produtivos exigem superação dos enfoques convencionais da economia e das relações do trabalho, ou seja, o desafio principal é compreender a lógica do mercado global e o projeto de construção social que será implementado em um contexto de precarização do trabalho e de exclusão social.

No Brasil, por exemplo, há sinalizações de transformação profunda na rigidez de contratos de trabalho e nas conquistas dos trabalhadores que tiveram como protagonistas os movimentos sindicais e que estavam consolidados nas relações industriais, o que tem significado precarização do trabalho e desemprego.

Com tal precarização do trabalho e deslocamento da importância do movimento sindical, os trabalhadores tornam-se mais vulneráveis ao mercado e a suas determinações, criando-se a sensação de completa incapacidade de ação individual e coletiva na modificação desse estado de coisas.

No final do século XX essa questão já estava colocada, ou seja, as antigas lutas sindicais foram postas de lado diante da nova realidade. Tal fato aprofundou-se durante as duas primeiras décadas do século XXI, senão vejamos:

> O desemprego aparece como uma questão inquietante, mas solucionável com a retomada do crescimento econômico e com a eliminação das regulamentações e proteções criadas artificialmente pelos sindicatos. Esse encadeamento axiomático não é apenas uma construção ideológica, disputando legitimidade na confrontação de ideias. Ele traduz práticas empresariais e políticas de Estado e é respaldado nas principais instituições de coordenação do capitalismo internacional. O principal documento que analisa e define as estratégias para os países-membros é um libelo a favor das desregulamentações e da flexibilização. As propostas são objetivas: redução dos ganhos salariais, eliminação das restrições aos licenciamentos, precarização dos contratos de trabalho, etc. Os indivíduos têm a opção de se "acomodarem à liberdade". Os mais capazes e empreendedores sobreviverão; os incapazes e inadaptados serão eliminados pela lei da seleção da espécie. Enquanto os neoliberais usufruem de uma despreocupação unânime e irresponsável, as diversas correntes do pensamento crítico estão divididas e torturadas pelo fracasso do sistema socialista ou pela crise do Welfare State[260].

Na década de 1970, greves eram iniciadas no Brasil com o intuito de aumentar os salários. Hoje as greves são a última alternativa antes de um processo de demissão em massa por exemplo. Os trabalhadores contentam-se em brigar pela diminuição da carga horária semanal com diminuição proporcional dos vencimentos, apenas pela possibilidade de não serem demitidos.

O próprio engajamento dos trabalhadores como grupo tornou-se fraco, pois o trabalhador tem receio de ser visto pelo patrão como um "descontente" ou "insubordinado" que pode levá-lo a uma demissão.

Há grande metamorfose no plano trabalhista com consequente crise no sindicalismo mundial. Assim, a crise no sindicalismo pode ser considerada desdobramento histórico dos próprios limites do sindicalismo e estrangulamento do modelo atual. O vínculo entre sindicatos e a própria lógica do capital pode causar o sufocamento dos primeiros pelo segundo como mecanismo de manutenção do *status* de dominador nessa relação.

260 Cattani, Antonio David. **Trabalho e autonomia.** Petrópolis: Vozes, 1996, p. 6.

O descrédito do movimento sindical internacional[261] tem como consequência a perda da capacidade de luta, o que possibilita a precarização do emprego e aumento das exclusões social e política dos trabalhadores.

Chegamos, assim, a um processo de fragmentação das ações coletivas, que decorre da lógica do consumismo atual, que age por intermédio do individualismo, como assinala Cattani:

> A individualização proporcionada pelo progresso da civilização tem dois sentidos. O sentido positivo significa autonomia do sujeito, possibilidade de recusar ou de se liberar do paternalismo, do autoritarismo e das várias formas de dependência. O sentido negativo, estimulado pelas novas condições de socialização, traduz-se em atomização, em recolhimento doméstico, em egoísmo, isto é, em ausência de solidariedade. Cada vez mais, são criadas condições que deixam os indivíduos isolados, que fomentam o narcisismo e o utilitarismo mediocremente individualista. A dispersão dos valores e das práticas amplia-se continuamente e pode fomentar tendencialmente dois tipos de comportamentos: aquele marcado pela obsessão afoita pela sobrevivência individual, e aquele marcado pelo comportamento apático, resignado, que logo se traduz em subserviência[262].

Em grande parte dos países, ricos e pobres, há desengajamento dos trabalhadores precarizados em relação aos sindicatos e às lutas coletivas, o que está diretamente relacionado com os novos paradigmas da economia financeira e as imposições que são feitas às economias nacionais, fazendo crer que os sindicatos precisam repensar e reestruturar suas estratégias de atuação, de modo a despertar confiança nas atuações coletivas. Assim, é necessário que apresentem novas proposições para superar o quadro atual, o que demonstra a importância de se reafirmarem princípios que marcam o movimento sindical internacional, principalmente

[261] Vejam-se as decisões tomadas pelo sindicato na greve de metroviários em junho 2014 no Estado de São Paulo. Além de a ação ter sido coordenada como mecanismo político, haja vista a greve ter sido iniciada dias antes do início da Copa do Mundo no Brasil, ela foi seguida por atos equivocados de desrespeito a decisão judicial que reconheceu a abusividade da greve, e culminou com a aceitação desesperada dos termos de um acordo proposto pelo Governo de São Paulo após a demissão por justa causa de alguns grevistas. Os problemas para a vida da cidade foram evidentes e apenas enfraqueceram a atuação do sindicato.

[262] CATTANI, Antonio David. **Trabalho e autonomia**, cit., p. 124-125.

aqueles que signifiquem fortalecer a cidadania e iniciativas inovadoras que almejem aumentar a solidariedade, construindo-se, assim, novos sujeitos coletivos que superem a dispersão social dos trabalhadores e a mediocridade hoje reinante, como menciona Giovanni Alves:

> O que presenciamos com a crise do sindicalismo moderno é apenas a transformação estrutural de seu caráter sociopolítico sob o peso das novas provocações do capital, o mesmo pode ser dito para o Estado social, que sob a mundialização do capital tende a assumir uma nova objetivação político-institucional.
>
> Um problema político-ideológico crucial do sindicalismo sob a mundialização do capital: o desenvolvimento do sindicalismo vai ocorrer numa perspectiva de mera adaptação à nova ordem do capital, na qual o sindicato deve tornar-se um apêndice do capital, um mero gestor da participação dos trabalhadores na produção do capital, assumindo um cariz neocorporativismo, estreito (e excludente), perdendo seus laços políticos com a luta pela emancipação social e econômica do trabalho, ou ocorrerá numa nova perspectiva classista, capaz de reconstruir novos *locis* organizativos de resistência do trabalho assalariado, em escala planetária, apoiando a instauração do Estado social, com novos vínculos com movimentos sociais de contestação à nova ordem capitalista?[263].

A crise do sindicalismo surge e se expande a partir dos países centrais, na década de 1980, e se alastra pelo mundo como consequência do avanço das estruturas capitalistas e da política de cunho eminentemente liberal, mas acentue-se que todos estão cansados da velha retórica da dualidade entre esquerda e direita, entre capitalismo e comunismo. O que se almeja é melhorar as condições de trabalho e de vida das pessoas sem que estas antiquadas e estéreis discussões venham à tona.

Há forte crise do sindicalismo mundial sob o capital globalizado, mas é justamente nesse período de crise que o movimento sindical deve reconhecer suas falhas, aprender e apreender as lições tomadas e repensar suas estratégias de atuação interna (há um processo de dessindicalização dos trabalhadores que precisa levar a uma reflexão) e externa (como órgão de representação de classe).

[263] ALVES, Giovanni. **O novo (e precário) mundo do trabalho**: reestruturação produtiva e crise do sindicalismo. São Paulo: Boitempo, 2000, p. 97-98.

O maior desafio do sindicalismo é esboçar nova estratégia que supere a precarização do trabalho, o que se reflete nas relações sindicais. Há, por exemplo, a necessidade de enfrentamento crescente do processo de individualização das relações de trabalho, que leva ao isolamento do trabalhador e ao deslocamento do eixo das relações trabalhistas, tornando os contratos de trabalho gradativamente individualizados. Se houver avanço maior nesse sentido, o sindicalismo tende a implodir, pois a coletivização dos contratos de trabalho é uma conquista protetiva do trabalhador e uma vitória histórica do movimento sindical que acabará abalado.

Fundamental, portanto, entender a configuração dada ao mundo diante dos novos paradigmas tecnológicos e a insegurança que este avanço tecnológico traz, como assinala Jorge Mattoso:

> A redução daqueles níveis de segurança do trabalho do pós-guerra sem a plena configuração de uma relação salarial e padrão de consumo compatíveis com o salto executado pelas revigoradas forças produtivas tem ampliado a fragmentação e a desestruturação do trabalho e acentuado a paralisia política e o defensismo estratégico do movimento sindical, reduzindo ainda mais a solidariedade e coesão social. Tais fatores geram na atualidade uma verdadeira desordem do trabalho e ampliam as dificuldades para reconstruir-se uma nova hegemonia transformadora (...). Esta expansão da insegurança do trabalho se daria em diferentes níveis: insegurança no mercado de trabalho, insegurança no emprego, insegurança na renda, insegurança na contratação e insegurança da representação do trabalho[264].

O processo de precarização do trabalho e a crise do sindicalismo não podem representar o fim da história das organizações sindicais, mas uma possibilidade de superação dos antigos problemas internos e a assunção de uma nova perspectiva de luta que, por vezes, transcenda interesses imediatos dos trabalhadores, de modo a se pensar em outro modelo que reduza a submissão à ordem vigente.

Teoricamente, há maior liberdade por parte do trabalhador, que pode decidir a forma como se relacionará com seu empregador, mas,

264 MATTOSO, Jorge. **O Brasil desempregado**, cit., p. 77.

como acentua Bauman[265], caminhar rumo à liberdade significa afastar-se ainda mais da segurança, o que comprova as afirmações de Jorge Mattoso, acima reproduzidas. Será que os trabalhadores estão preparados para terem mais liberdade, se não sabem as consequências que terão que suportar nos limites da segurança em todos os sentidos?

A resposta caminha para o problema do esclarecimento e da educação, bastante importantes nesse período histórico e tópico seguinte deste livro.

[265] "Dentro da estrutura de uma civilização concentrada na segurança, mais liberdade significa menos mal-estar". BAUMAN, Zigmunt. **O mal-estar da pós-modernidade**. Rio de Janeiro: Jorge Zahar, 1998, p. 9.

5. TRABALHO, DESEMPREGO E DEMOCRACIA: PARÂMETROS PARA O SÉCULO XXI

O século XXI continua com o processo de intensificação das modificações tecnológicas iniciadas no século XX com o advento da modernidade. Por conta disso, as atividades de produção direta encontrarão limitações crescentes. Esse fato torna difícil competir com a precisão das máquinas, com sua velocidade e sua perfeição na realização das tarefas de produção em geral.

Tal aspecto criará a necessidade de realocação de pessoas em outros espaços de atividade a fim de se evitar a ociosidade (para não utilizar a expressão "desemprego", necessariamente atrelada a uma das formas de realizar "trabalho" em sociedade humana). Mas se a atividade humana geral de produção, a manufatura, a realização de tarefas manuais estão condenadas a uma intensa diminuição quantitativa, para a qual haverá espaço da migração de trabalhadores, conta-se com o aumento numérico da população mundial, no que concerne ao tempo de vida cada vez maior em virtude de avanços da medicina?

Talvez esteja nesse ponto a grande questão a ser resolvida, e a redefinição do papel do Estado será fundamental no novo espaço.

André Franco Montoro, no *Prefácio* à 23ª edição de seu **Introdução à Ciência do Direito**, datado de 1995, já afirmara:

> O grande caminho para a integração dos marginalizados é a criação de novos empregos. A maior parte da população em estado de pobreza não

possui emprego. Como escreveu Ignacio Sachs, o progresso dos dois primeiros objetivos da Conferência – combate à miséria e integração social – dependerá em grande parte dos resultados alcançados na criação de empregos, pois "a integração produtiva é a única forma de atacar as raízes da exclusão social". E, em linguagem mais simples, o Presidente do Chile, Eduardo Frei, e o Primeiro-Ministro Felipe Gonzalez, da Espanha, disseram com palavras semelhantes: "O melhor caminho para sair da pobreza é o trabalho".

Os Estados, os organismos internacionais e a sociedade civil dispõem de meios e possibilidades de executar uma ampla política de emprego, através de investimentos em infraestrutura e projetos geradores de emprego, ação descentralizada e participativa, incentivo às economias locais. Lugar destacado nesses programas deve ocupar o apoio às pequenas empresas e cooperativas, que são os principais geradores de trabalho e renda. No Brasil existem hoje cadastradas mais de 4 milhões de pequenas empresas[266]. E as não cadastradas são em número bem maior, gerando oportunidades de trabalho para milhões de brasileiros.

Existem hoje, em todo o mundo, milhares de experiências, exemplos e possibilidades de multiplicação de pequenos empreendimentos, estimuladores de ocupação produtiva para milhões de pessoas. Essas possibilidades de ocupação não se limitam apenas ao emprego assalariado, no campo da economia, mas se estendem às diversas oportunidades de trabalho, autônomo ou assalariado, na produção de bens ou serviços em todas as áreas: no campo da cultura, do esporte e do turismo; na defesa do meio ambiente e nas múltiplas modalidades de ação social.

(...)

Mas para que se alcancem os objetivos do desenvolvimento social, é indispensável que haja, de um lado, vontade política dos governos e

[266] Segundo dados do Sebrae, em 11 de maio de 2020 havia 9.810.483 empresas sob a figura do microempresário individual (MEI) que, nos termos da Lei Complementar n. 128/2008, corresponde ao profissional autônomo com, no máximo, um funcionário e faturamento anual de até R$ 81.000,00; 6.586.497 microempresas (ME) e 896.336 empresas de pequeno porte (EPP), cuja Lei Complementar n. 123, de 14 de dezembro de 2006, prevê que o faturamento anual será, respectivamente, de até R$ 360.000,00 (ME) e entre R$ 360.000,00 e R$ 4.800.000,00 (EPP).

autoridades nacionais e internacionais e, de outro, ampla participação dos múltiplos setores da sociedade civil[267].

Na referida época, Montoro apontava o Estado como grande potencializador das estratégias que são necessárias para equacionar o papel do trabalho.

De 1995 até agora, algumas crises já assolaram nossa percepção acerca do papel do Estado-nação, por exemplo, quando olhamos para os alvos das grandes manifestações que ocorreram no mundo nos últimos anos, inclusive as do Brasil, sempre apontando certo descrédito das pessoas acerca das instituições sociais, do Estado e da política. A percepção de Dreifuss, ao final do século XX, sobre a questão da representatividade das grandes corporações, já antevia como uma lente de aumento a questão do posicionamento dos grandes atores sociais no cenário mundial.

> (...) a internacionalização foi sustentada pelo ímpeto de atores empresariais que marcaram presença não só como agentes centrais da produção, mas como atores políticos junto a suas contrapartidas mutuamente implicadas (sindicatos e partidos), com o Estado funcionando como variável de ajuste da atuação empresarial. De fato, o Estado dirigia e controlava - através de instrumentos monetários e fiscais - fluxos de intercâmbio (de matérias-primas, produtos semiacabados e produtos finais e serviços, dinheiro, ideias e pessoas) entre duas ou mais nações. No entanto, mesmo escorados na proteção governamental de seu espaço nacional, os motores do processo de internacionalização foram as empresas: tanto as *domésticas*, visualizando o mercado nacional como campo de atuação e referência preferencial, quanto as *exportadoras*, lançando-se ao mercado externo à procura da comercialização de seus produtos, apesar de ainda ter no mercado interno a sua base de operações[268].

E alerta:

> Ao longo deste século [XX], a otimização possível da combinação de fatores de produção deixa de acontecer dentro de espaços nacionais

[267] MONTORO, André Franco. **Introdução à ciência do direito**. 23. ed. São Paulo: Revista dos Tribunais, 1995, p. 17-18.

[268] DREIFUSS, René Armand. **A época das perplexidades**, cit., p. 133.

> (como já tinha deixado de sê-lo, no decorrer de séculos anteriores, em cidades ou até em regiões inteiras no interior dos mais diversos países, para tornar-se um fenômeno *nacional*), e passa a ser ditada crescentemente pelos mecanismos e processos que implicam transferência de capacidade produtiva (capital, *Know-how* **e, em menor grau, trabalho**) de uma economia nacional para outra. Agentes centrais da "multinacionalização" da economia passam a ser empresas de base nacional, que, além de possuir "uma" ponta no mercado externo e "outra" nos mercados domésticos, *multiterritorializam* a sua atividade produtiva, viabilizando operações em muitos países, através de filiais, subsidiárias ou associadas[269] (grifos nossos).

Se, lá atrás, a questão do trabalho podia ser qualificada por Dreifuss como de "menor grau", esse cenário se alterou na atualidade e deve se agravar nos próximos anos, pois, hoje, questões tradicionais como nacionalidade ou soberania perderam espaço de discussão no cenário político, salvo alguns problemas localizados como nos casos da Palestina e, mais recentemente, da Ucrânia, país invadido pela Rússia em fevereiro de 2022, para outras como a volatividade do capital e o avanço da imigração de profissionais de alto gabarito das nações mais pobres para os países desenvolvidos.

Como deve atuar o Estado em algumas situações? Basta um mero descontentamento ou o advento de um interesse subjetivo de uma multinacional em um determinado país, para que haja a migração de toda a estrutura corporativa para outro, como o fizeram a Ford, ao encerrar em 2021 a produção de veículos e fechar três fábricas (Camaçari/BA, Taubaté/SP e Horizonte/CE), após mais de um século no mercado brasileiro, sob a justificativa de reestruturação global; a Mercedes-Benz, ao deixar de produzir automóveis na fábrica de Iracemápolis (São Paulo), ante a justificativa de crise do mercado brasileiro e da pandemia por Covid-19; a Sony, mesmo atuando no País há 48 anos, ao parar de fabricar e vender TVs, áudio e câmeras no final de 2021, dado o cenário do mercado brasileiro[270].

269 Idem, p. 134.

270 Disponível em https://economia.uol.com.br/stories/empresas-que-tiraram-o-brasil-dos-planos.Acesso em 28 fev. 2022.

Em outros casos, anos antes, verificaram-se situações em que a possibilidade de certo ganho econômico estranho à cadeia produtiva, e vinculado a ações efetivamente antiéticas, levaram corporações multinacionais a tomarem decisões em prejuízo dos interesses de determinados países. Exemplo dessa situação pôde ser vista no pedido de falência formulado pela maior empresa de serviços gráficos do mundo que requereu quebra na Argentina, a R. R. Donnelley, então supostamente vinculada ao grupo de investidores responsável pela crise[271].

A R. R. Donnelley fechou suas portas na Argentina e demitiu aproximadamente quatrocentos funcionários após funcionar no país por mais de vinte anos[272]. Tratou-se do caso de um gigante internacional que, na época, faturava mais de dez bilhões de dólares por ano e decidiu pedir a falência de sua subsidiária argentina, o que demonstrou a capacidade de esvaziamento local do capital internacional. Na ocasião, como a empresa detinha unidades de produção no Brasil, país com o qual a Argentina sempre manteve fortes relações comerciais, inclusive em condições diferenciadas, por conta da participação bilateral no Mercosul, verificou-se que, mesmo causando desemprego, a Donnelley pôde continuar a enviar seus produtos normalmente para a Argentina sem sofrer qualquer tipo de retaliação.

Ocorre que, na sequência, a RR Donnelley fez o mesmo no Brasil em março de 2019, quando a empresa requereu a autofalência, para a surpresa de funcionários e fornecedores. Sob a alegação de alto endividamento e dificuldades financeiras (um prejuízo operacional de R$ 120 milhões em três últimos exercícios), a empresa demitiu 970 trabalhadores (na Argentina foram 400), diante do fechamento das unidades produtivas em Osasco e Tamboré, em São Paulo, e em Blumenau, em Santa Catarina[273]. Uma das consequências de maior repercussão no Brasil foi a necessidade de contratar outra gráfica para imprimir as provas do Enem naquele ano.

[271] Disponível em: [http://online.wsj.com/articles/cristina-kirchner-threatens- rr-donnelley -with-criminal-charges-for-layoffs-1408072907]. Acesso em 23 ago. 2014.

[272] Idem, ibidem.

[273] SCHELLER, Fernando. Com dívida de R$ 180 milhões, gráfica que imprimia Enem tem falência decretada. **O Estado de S.Paulo**, 4 abr. 2019. Disponível em https://economia.estadao.com.br/noticias/geral,com-divida-de-180-milhoes-grafica-que-imprimia-enem-tem-falencia-decretada,70002779606.

Situações como essas já foram vislumbradas desde a década de 1990:

> Tudo isso sem dúvida provoca um novo tipo de divisão internacional do trabalho, que transforma em muito os parâmetros da disputa entre o capital e a força de trabalho do modelo taylorista. As ações dos sindicatos perderam parte de sua eficácia reivindicatória face a internacionalização dos centros de decisão das empresas. Legislações diferentes no seu grau de concessão de direitos trabalhistas se aplicam a trabalhadores de uma mesma empresa, conforme estejam em um ou outro país onde ela tem fábrica. Assim, as empresas podem praticar políticas salariais diferentes conforme a região de atuação, sem que isso seja efetivamente percebido ou controlado pelos sindicatos, que em geral têm sua atuação restrita aos limites nacionais. Recentemente, a rede virtual Internet veiculou um apelo para que seus frequentadores assinassem uma carta de repúdio às empresas que se utilizavam de mão de obra barata na Indonésia, não só pelo ato de exploração em si mas por estas estarem ajudando a enriquecer um país acusado de atrocidades no Timor Leste. Dentre essas empresas, o nome da multinacional nipo-americana Nike causava à primeira vista surpresa. É um exemplo dos mais gritantes dessa nova divisão internacional do trabalho: a Nike, cujo faturamento no primeiro trimestre fiscal de 1997 foi de US$ 2,77 bilhões, aplica seu rótulo em produtos fabricados nos mais diversos cantos do planeta pelos mais diversos produtores, geralmente sob fortes indícios de superexploração trabalhista e baixíssimos níveis de remuneração. As bolas esportivas, por exemplo, da maioria das grandes marcas, são quase sempre produzidas no Paquistão.
>
> Essas empresas multinacionais, agora chamadas de transnacionais, passaram a operar não mais segundo os padrões de matriz-filiais típicos das multinacionais, mas com uma nova estrutura de sedes descentralizadas onde o país no qual cada uma se encontra ou a distância entre elas tornou-se insignificante face à facilidade das comunicações, do transporte e da acessibilidade aos recursos naturais e financeiros. Assim, essas empresas têm hoje um tal grau de independência sobre as fronteiras nacionais que muitos autores chegam até a dizer que elas se sobrepõem ao poder dos próprios Estados nacionais[274].

274 WHITAKER FERREIRA, João Sette. **Os contrastes da mundialização** – a economia como instrumento de poder em um sistema internacional excludente. Dissertação de Mestrado, USP, 1997, p. 11.

Os maiores prejudicados com o desemprego em massa são os trabalhadores convencionais (portadores de mão de obra barata), e aqui destacamos outro ponto fundamental citado por Dreifuss: a estrutura intelectual, gerencial de alta cúpula dos grandes conglomerados, age para além das fronteiras dos países em desenvolvimento, pois:

> Para enfrentar a ampla gama de novos desafios, as grandes empresas multinacionais visualizaram a reformulação das suas premissas organizacionais e de atuação, e o redesenho de mercados, não só buscando alongar sua base social de consumo e a intensificação de sua qualidade, mas ultrapassando os limites nacionais dos países. Enquanto suas congêneres triádicas desenvolveram esforços regionalistas e continentalizadores, até para enfrentar as empresas dos Estados Unidos, as multinacionais norte-americanas foram as porta-bandeiras de uma perspectiva diferente. Na realidade, dinamizaram três grandes processos de transformação *transnacionalizante*: de mundialização de estilos, usos e costumes; de globalização tecnológica, produtiva e comercial; **e de planetarização de gestão**[275] (destaques nossos).

Observa, ainda, que:

> A globalização também se refere a uma multiplicidade de processos interativos (sinergias, coalizões, alianças, redes), preconizados por "produtores" e "gestores" transnacionais, que formulam diretrizes num universo sistêmico de decisões, refletindo uma *interação seletiva* e *excludente* das corporações estratégicas, centradas no espaço triádico. A globalização produtiva é facilitada por meio de avanços na tecnologia das comunicações físicas e na difusão do uso de tecnologias da informação que marcam a ascendência do capacitador teleinfocomputrônico. As inovações tecnológicas viabilizam redes globais (não governamentais, intracorporativas, interempresariais) de valor agregado, com universidades, centros de pesquisa e atividade laboratorial etc. Nesse sentido, a globalização é marcada por uma crescente diferenciação entre *bens* (produtos comerciáveis) e *trunfos* (facilidades intangíveis de produção que permitem a geração de riqueza material)[276].

275 Dreifuss, René Armand. **A época das perplexidades**, cit., p. 135.
276 Idem, p. 161.

Nessa perspectiva, a gestão acaba por se tornar "universalizada". Basta que o gestor esteja sincronizado com os processos criados a partir da estrutura central da empresa para expandir sua forma de atuação para os mais variados países e continentes. É o processo de integração pelo qual empresas passam a compor a estrutura geral dos grandes conglomerados econômicos. Mais que isso, da forma como está constituído esse *modus operandi*, pouco importa "quem" está a manipular a estrutura empresarial.

Essa composição vem de encontro às teorias sistêmicas, por exemplo, a teoria dos sistemas autopoiéticos de Luhmann, especialmente nos trabalhos desenvolvidos por um de seus discípulos, Günther Teubner, que tenta explicar a empresa sob a ótica autopoiética, podendo ser bastante elucidativa neste momento:

> Contrariamente à opinião de Grossman e Hart, as organizações não constituem meros contratos reforçados por estruturas de governo ou direitos de decisão, mas sim formas fundamentalmente diversas de construção sistémica no seio do sistema económico. Trata-se de sistemas autopoiéticos elas também, cujos elementos não são, todavia, actos de pagamento mas decisões. Para citar Luhmann, são "sistemas baseados em decisões e que produzem, elas próprias, as decisões nas quais se baseiam" e que, "simultaneamente, utilizam as suas estruturas, por si próprias organizadas, com vista a estabelecer expectativas que garantam que toda e qualquer acção dentro do sistema possa ser tratada como decisão". Isto não equivale a minimizar as redes contratuais entre os portadores de recursos ou simplesmente a reinterpretá-las *in toto* em termos de estruturas organizacionais – mas tão-só a relegá-las para o meio envolvente da organização. Os actores individuais titulares dos recursos produtivos, ou seja, sócios (capital), administradores (gestão) e trabalhadores (trabalho), bem assim como credores e consumidores, não pertencem à própria organização mas antes ao seu meio envolvente. Os juristas estão familiarizados com esta distinção entre contrato e organização, ainda que possa variar a primazia jurídica atribuída aos vários interesses envolvidos. No caso dos trabalhadores, por exemplo, o direito alemão estabelece uma distinção entre contrato de trabalho e "integração" na organização, e no caso da gestão empresarial, entre relação jurídico-laboral e relação jurídico-privada de mandato (a distinção é menos

clara no caso dos sócios, podendo ainda assim as suas relações obrigacionais e os seus direitos sociais serem separados do seu agir enquanto membros do grêmio deliberativo).

O modelo autopoiético trata, assim, organização e contrato em termos de sistema e respectivo meio envolvente. A complexa rede contratual dos actores individuais regula as relações externas entre os membros da organização e o seu meio envolvente, enquanto a organização representa um sistema de acção autónomo e independente, que se reproduz a si próprio através da ligação circular de decisões organizacionais antes que através de transacções contratuais. A lógica veiculada por aquela "rede contratual" é profundamente diferente da lógica própria desta "rede decisional": ao passo que a primeira serve primariamente a estrutura de motivação (é por intermédio dela que se gera a motivação dos portadores de recursos para realizarem contribuições), a última toma por ponto de referência a estrutura racional-finalística da organização, o que significa, desde logo, a reprodução autopoiética e, depois, as estratégias de racionalização adoptadas, isto é, fins da organização, relação meios-fins, instruções hierárquicas, expectativas informais, etc.[277].

A perspectiva autopoiética (como forma descritiva da realidade atual) deixa clara a lógica aplicada no mundo globalizado: os sistemas comunicacionais se tornam tão independentes, autorreferenciais em relação ao ser humano, que estes passam a compor parte do entorno e não o próprio sistema.

Desse modo, o descarte de indivíduos da estrutura corporativa e a substituição do material humano é facilitada, pois o conhecimento dos mecanismos de produção, das formas de elaboração e do desenvolvimento da cadeia produtiva, assim como a padronização dos processos, permite à empresa, rapidamente, encontrar substitutos para "operar" um maquinário bastante trivial. Nisso, há certo paradoxo apontado por Dreifuss:

> Trata-se da produção diversificada que preserva particularidades nacionais e sociais, potencializadoras de consumo e criação. Na realidade, é um planeta direcionado por dois movimentos: de padronização e de

[277] Teubner, Günther. "Unitas multiplex": a organização do grupo de empresas como exemplo. **Revista Direito GV**, v. 1, n. 2, p. 77-110, jun./dez. 2005.

produção diversificada (até mesmo, especialização), ambos potencializados por altas taxas de inovação e renovação científico-tecnológica. Assim, mundialização e globalização significam também rejeição da padronização e afirmação da diversificação e diversidade mercadológica planetária. A corporação estratégica de atuação planetária procura, num aparente paradoxo, agir em termos locais e regionais, ajustando-se a especificidades, particularidades e variações, enfatizando o reconhecimento do potencial das singularidades. A particularidade e a diversidade localizada se tornam *commodities*. A produção em massa já não tem somente o sentido de universalizar produtos, com mais qualidade, menores preços e maior sofisticação, mas de atender um número maior de "clientes" qualitativamente diferenciados, o que somente é possível respondendo a necessidades específicas[278].

O literato afirma ainda:

> Estimula-se, portanto, a diversidade estrutural e recusa-se a padronização para combinar e fazer convergir as demandas específicas. Esta será a marca da primeira década do século XXI: o preparo do terreno para a nova mundialização de consumo e conjunção de singularidades, para a consolidação da globalização tecnoprodutiva e para a nova mentalidade planetária de gestão e percepção de si próprio na gaia terra. Com a globalização muda o perfil da empresa e do mercado (qualidade e extensão), da localização produtiva e do produto, das finanças e do comércio internacional. São reformatadas as organizações e instituições políticas, e reconfiguradas as percepções de modos de vida. *Enfim, uma rearticulação planetária de poder, liderada pelas únicas organizações que efetivamente se transformaram para ser "atores globais" – as corporações estratégicas – operando no verdadeiro plano das decisões reais graças aos recursos da programação e da intercomunicação em tempo real – num âmbito único virtual: o "sistema" e o espaço terra replicados no microprocessador*[279] (grifos nossos).

A *padronização rechaçada*, aqui, toma o sentido específico de afastar a apresentação de um mesmo produto ao consumidor. Há necessidade de

278 Dreifuss, René Armand. **A época das perplexidades**, cit., p. 170.
279 Idem, p. 171.

"regionalização" daquilo que é entregue, mas o modo como a produção é realizada parte de alguns modelos mais "universalizados".

Observando a questão, não pela teoria dos sistemas autopoiéticos, mas pela teoria dos sistemas de um modo geral, é possível perceber que o núcleo organizador dessas corporações também pode estar deslocado. Márcio Pugliesi menciona:

> O núcleo de uma organização formal pode estar não na administração, mas na teia de relações informais entre determinados atores, que podem explicar um persistente desempenho anômalo (desejado ou indesejado) dessa organização. O núcleo de uma família pode, por exemplo, ser constituído não pela relação entre pai e mãe, mas por uma forte relação entre mãe e filho. Se o seu funcionamento for anômalo, é neste núcleo que terão que incidir as ações prioritárias visando a mudança. Se, pelo contrário, uma organização ou outro sistema funcionar adequadamente, qualquer mudança que se queira efetuar pode ser destrutiva se atingir seu núcleo. Pela simulação, segundo a teoria dos sistemas, pode-se compreender o efetivo funcionamento das condutas e, premunitivamente, normativar ou providenciar meios que corrijam o rumo do sistema, com o mínimo de dispêndio de energia para tanto[280].

A assertiva retro aclara o fato de que a forma sistêmica como as grandes corporações têm agido pode encontrar seu núcleo de atuação deslocado para fora da própria organização. Dreifuss já alertara isso quando escreveu **A internacional capitalista**:

> As elites orgânicas originárias dos países de capitalismo avançado mantêm estreita conexão organizacional, laços ideológicos e vínculos pessoais com uma ampla gama de congêneres latino-americanas, formando uma verdadeira internacional de empresários. Mas essas elites orgânicas latino-americanas não se constituíram nem agem simplesmente como "sucursais" ou extensões mecânicas de organizações congêneres do eixo Norte-Norte, pois detêm ampla capacidade de ação política independente.
>
> As elites orgânicas da América Latina se beneficiaram do apoio logístico, do intercâmbio de expertise e de pessoal, da sincronização de

280 PUGLIESI, Márcio. **Teoria do direito.** 2. ed. São Paulo: Saraiva, 2009, p. 63.

atividades, de alimentação ideológica e política e do reforço de ações das elites orgânicas do capitalismo avançado[281].

Em outros termos, há uma intensa rede de comunicações delineada no plano internacional, que forma a essência das relações das grandes corporações, pronta, inclusive, a adotar mecanismos que são desenvolvidos nos países periféricos, e se mostram eficientes para serem aplicados nos países centrais. As relações de trabalho nas duas pontas dessa intrincada rede podem encontrar fatores de endurecimento e de empobrecimento de trabalhadores tanto no centro como na periferia, pois o que importa, em qualquer lugar é a manutenção e o avanço de toda a estruturação organizacional[282].

Escolas e universidades também participam dessa conformação, uma vez que são responsáveis por ensinar os métodos universalizados que serão empregados pelos alunos em suas vidas profissionais. A criatividade, assim, acaba sendo elemento de segunda ordem, embora seja ela – a criatividade – um dos atores principais no desenvolvimento de carreira de profissionais alocados em altos postos empresariais, de modo que outro ponto parece chamar a atenção neste momento: a fuga de cérebros.

Pouco importa o local onde a mão de obra está alocada, pois persiste a "fuga de cérebros"[283] para os Estados Unidos e para a Europa, de profissionais oriundos de países pobres e em desenvolvimento.

Os profissionais mais preparados simplesmente são convidados a migrar com a estrutura para fora de seus países de origem, sendo bem recebidos nas pátrias de origem do capital.

Cientistas, pesquisadores, executivos de alto nível continuam migrando para países desenvolvidos, prejudicando o desenvolvimento interno, inclusive, do Brasil. Para esses profissionais, a entrada nos países desenvolvidos, ao contrário do imigrante em fuga do estado de pobreza,

[281] Dreifuss, René Armand. **A internacional capitalista**: estratégias e táticas do empresariado transnacional 1918-1986. Rio de Janeiro: Espaço e Tempo, 1986, p. 106.

[282] Grupos misteriosos e reuniões fechadas como as do Grupo de Bilderberg (Estulin, Daniel. **A verdadeira história do clube Bilderberg**. São Paulo: Planeta, 2005) ou mesmo abertos como o Fórum de Davos ou a Comissão Trilateral alimentam especulações sobre o estabelecimento de diretrizes planetárias para o avanço da economia globalizada.

[283] Disponível em: [http://www1.folha.uol.com.br/folha/educacao/ult305u35 0524.shtml]. Acesso em: 23 ago. 2014.

não é uma questão problemática nem mesmo está relacionada com nacionalidade. Para estes, não há problemas para a aquisição de *green card*, por serem profissionais desejados pelos países desenvolvidos.

A questão é de tal forma importante, que estudos da Fundação Getúlio Vargas[284] propõem a criação de uma Secretaria destinada a fomentar a vinda de cérebros para o Brasil, uma vez que:

> O presente relatório demonstra que há hoje, no Brasil, a urgente necessidade de políticas públicas voltadas para atração e retenção de profissionais altamente qualificados em áreas estratégicas para o desenvolvimento socioeconômico nacional. Não se trata de fomentar o aumento da competição para os trabalhadores no mercado laboral brasileiro, mas, ao contrário, de promover o desenvolvimento de indústrias estratégicas e o avanço na área de ciência, tecnologia e inovação (CT&I), reconhecendo a imigração como vetor do desenvolvimento de capital humano.
>
> É fundamental que as políticas públicas voltadas para atração de imigrantes altamente qualificados como forma de promover o desenvolvimento socioeconômico levem em consideração outros eixos importantes da política de imigrações, tais como a análise dos fatores que condicionam os fluxos migratórios, a necessidade de garantia dos direitos humanos a integração das populações migrantes e o imperativo da manutenção da segurança nacional. Tais políticas devem ainda considerar os impactos econômicos, sociais e políticos, sob o ponto de vista das populações dos países de origem e dos países de destino, bem como das próprias populações migrantes, de modo a prover subsídios para uma ação política responsável[285].

Não somente a captação, mas também a retenção de cérebros é problema a ser enfrentado pelo Brasil, ainda pouco explorado, e que tem sido determinante na história recente do bloco desenvolvido do planeta.

[284] Francisco Araújo (https://fgvprojetos.fgv.br/publicacao/imigracao-como-vetor-estrategico-do-desenvolvimento-socioeconomico-e-institucional-do) reproduz parte do texto **Imigração como vetor estratégico do desenvolvimento socioeconômico e institucional do Brasil**. Rio de Janeiro: FGV Projetos, 2012, no qual a proposta é formulada: "o Brasil poderia se beneficiar com a criação de uma agência específica, capaz de catalisar iniciativas, articular os múltiplos atores institucionais envolvidos na gestão da imigração e prover subsídios para a realização de suas visões estratégicas".

[285] ARAÚJO, Francisco. **Imigração como vetor estratégico do desenvolvimento socioeconômico e institucional do Brasil**, cit., p. 12.

> A capacidade de gerar, atrair e reter talentos, segundo uma estratégia de desenvolvimento nacional, é um dos principais fatores que determinam o sucesso dos países, em termos de seu desenvolvimento social e econômico, no mundo contemporâneo. A maior parte dos países desenvolvidos possui políticas específicas voltadas para atração e retenção de profissionais altamente qualificados no mercado internacional. Com o recente aumento dos investimentos governamentais em educação e desenvolvimento de pesquisa de ponta no Brasil, o país corre o risco da chamada "drenagem de cérebros" (*brain drain*). Além disso, o Brasil passa hoje por um processo de transição demográfica e precisa, no espaço de uma geração, promover um aumento exponencial de seus índices de produtividade. A escassez de recursos humanos é um dos principais gargalos que ameaçam o desenvolvimento econômico dos países do grupo dos BRICs (Brasil, Rússia, Índia e China). O Brasil, em específico, padece hoje da falta de investimentos adequados em educação nas décadas precedentes, uma vez que os investimentos em educação possuem caráter incremental e levam tempo para gerar resultados. A atração de imigrantes altamente qualificados pode permitir suprir o déficit de investimento adequado em educação do passado, de modo a tirar melhor proveito do "bônus demográfico"[286].

O texto aponta para a relação direta entre a falta de mão de obra qualificada e as ameaças para o desenvolvimento de verdadeiros gigantes da economia mundial como são os BRIC's.

Muito embora se saiba que a iniciativa privada será a principal beneficiada com a atração dessa mão de obra qualificada, é certo que o Estado é o único ente capaz de catalisar e direcionar, por meio de políticas públicas, essa captação internacional de estrangeiros, bem como o retorno de brasileiros que estejam no exterior e a manutenção daqueles que ainda estão em solo nacional.

Lembre-se, no entanto, que durante a crise internacional de 2008, em especial, nos países ricos, a economia brasileira encontrava-se em um momento favorável, embora, dada essa peculiaridade, os governos seguintes não tivessem mostrado habilidade em aproveitar ou dar continuidade a esse ciclo inicialmente próspero. No início de 2010, segundo

[286] Idem, ibidem.

o Ministério do Trabalho e Emprego (MTE), houve "um aumento de 16% no número de autorizações de trabalho a estrangeiros", atribuída a liderança ao setor de petróleo e gás, ocasião em que se criaram perspectivas positivas em relação à descoberta do Pré-Sal, além do aumento de pedidos de registro vinculado a setores como o eletrônico, o automotivo, o siderúrgico e o de telefonia. Afinal, além do Brasil, países como Índia, China e Rússia eram das poucas economias que vinham crescendo[287].

Algo impensável para os dias de hoje, principalmente em um cenário de pandemia por Covid-19, naquela época o Instituto Nacional de Pesquisas Educacionais Anísio Teixeira (Inep) havia divulgado que, em 2009, três mil estrangeiros tentaram conseguir o certificado de Proficiência em Língua Portuguesa para Estrangeiros (Celpe-Bras). Além disso, aqueles trabalhadores que haviam migrado de países então menos afetados pela crise, a exemplo do Brasil, acabaram retornando aos seus países de origem porque os países desenvolvidos passavam por um período de desemprego em alta, salários em baixa e enfraquecimento do câmbio. Não havia dinheiro o suficiente para que esses trabalhadores ajudassem os familiares em sua terra de origem. Logo, nesse contexto, 13,5% dos mais de três milhões de brasileiros retornaram para o País[288].

Diante da situação favorável, vislumbrava-se que nos anos seguintes o Brasil deixaria a sua tradicional condição de país exportador de mão de obra pouco qualificada para assumir o papel de importador de mão de obra qualificada, bem como o retorno de parcela expressiva dos trabalhadores brasileiros, o que traria consequências para o mercado interno de trabalho. Caso tivéssemos conseguido alcançar um crescimento econômico sustentável, a chegada de profissionais estrangeiros e o retorno de brasileiros com alta escolaridade e *know-how* específico propiciariam resultados positivos, entre eles, o repasse de conhecimentos às empresas brasileiras[289].

No referido cenário de desenvolvimento econômico do Brasil, ainda que passageiro, visto que a imigração de trabalhadores, em geral, facilita

[287] **Valor Econômico**, 24 de maio de 2010, p. D10, apud BOUCINHAS FILHO, Jorge Cavalcanti e BARBAS, Leandro Moreira Valente. **Imigração de trabalhadores para o Brasil**. São Paulo: Saraiva, 2013, p. 16 e 17.

[288] **Valor Econômico**, 24 de maio de 2010, p. A14, apud BOUCINHAS FILHO, Jorge Cavalcanti e BARBAS, Leandro Moreira Valente. *Imigração de trabalhadores para o Brasil*, cit., p. 18.

[289] BOUCINHAS FILHO, Jorge Cavalcanti e BARBAS, Leandro Moreira Valente. **Imigração de trabalhadores para o Brasil**, cit., p. 18.

e impulsiona relações econômicas entre países, até mesmo em relação a investimentos estrangeiros diretos (IED), as empresas transnacionais desempenharam papel relevante na economia brasileira, visto que, de acordo com o Banco Central do Brasil, o País recebeu, em investimentos, somente em 2008, cerca de US$ 44 bilhões[290].

Conforme tabela a seguir, algumas organizações internas pesquisam acerca do fluxo migratório de trabalhadores, a exemplo da Diretoria de Análise de Políticas Públicas da Fundação Getúlio Vargas (DAPP-FGV), que apurou a dinâmica de entrada e saída de pessoas, tendo o Brasil como referência, entre os anos de 2010 e 2017. Graças à plataforma dinâmica que ela desenvolveu, a partir de dados fornecidos pela Polícia Federal, é possível entender os fluxos de entrada de migrantes no Brasil e saída de brasileiros para outros países do mundo durante o referido período[291].

Ranking de entrada migratória no Brasil – 2010	**Ranking de saída migratória de brasileiros – 2010**
Estados Unidos: 5.168	Estados Unidos: 1.388.000
Bolívia: 4.185	Japão: 230.552
Argentina: 3.393	Paraguai: 200.000
Portugal: 2.620	Reino Unido: 180.000
Alemanha: 2.439	Espanha: 158.761

[290] Boucinhas Filho, Jorge Cavalcanti e Barbas, Leandro Moreira Valente. **Imigração de trabalhadores para o Brasil**, cit., p. 20. Saliente-se que, em 2020, o IED correspondia a um patamar baixo, qual seja, US$ 28 bilhões ou R$ 153,9 bilhões), segundo a Unctad (Conferência das Nações Unidas sobre Comércio e Desenvolvimento), agência da ONU. Em 2021, houve forte recuperação, quando os Investimentos Estrangeiros Diretos – IED mais que dobraram, passando para US$ 58 bilhões ou R$ 318,8 bilhões). Gavras, Douglas. Investimento estrangeiro no Brasil dobra, mas fica abaixo do nível pré-Covid. *Vide* **Folha de S.Paulo**, 19 jan. 2022. Disponível em https://www1.folha.uol.com.br/mercado/2022/01/investimento-estrangeiro-no-brasil-dobra-mas-fica-baixo-do-nivel-pre-covid.shtml.

[291] Para consultar outros períodos, *vide* dados disponíveis em: http://fluxo-migratorio.dapp.fgv.br/. Acesso em 1º mar. 2022.

Ranking de entrada migratória no Brasil – 2017	Ranking de saída migratória de brasileiros – 2016
Haiti: 1.074	Estados Unidos: 1.489.867
Colômbia: 617	Paraguai: 217.842
Bolívia: 398	Japão: 178.329
Argentina: 384	Reino Unido: 140.000
Paraguai: 294	Espanha: 139.598

Impossível falar desse assunto sem vinculá-lo a questões como a liberdade de ir e vir. O cidadão potencialmente tem a liberdade de escolher qual será o destino de sua carreira profissional, de modo que o Estado pouco pode fazer em termos legislativos para impedir a fuga de cérebros para o exterior. Então a solução parece estar nos incentivos que o governo será capaz de produzir para trazer ou manter os principais potenciais por aqui. Não será o uso da força o meio eficiente de promover essas políticas públicas.

A questão passa por boas oportunidades de emprego, salários compatíveis e outras perspectivas que possam configurar desafios de carreira para essas pessoas, incentivando-as e apresentando etapas coerentes de desenvolvimento, de modo que elas não sejam "engolidas" pela burocracia comodista e pouco competitiva de alguns órgãos públicos ou mesmo empresas.

A fuga de cérebros é apenas um dos problemas que o Estado precisa perceber para conceber sua nova condição dentro desse esquema que nada mais representa que o desenvolvimento histórico do capital que vem se descortinando no decorrer dos últimos séculos.

A começar pela sua própria estrutura. Não é possível garantir aumento nos níveis de trabalho em um Estado "superdesenvolvido", dotado de uma estrutura gigantesca, com altos custos que encontram na tributação sua principal fonte de custeio. Aqui retomamos a tradicional questão do Estado mínimo.

Não há segredo, toda estrutura deve ser custeada. Um Estado gigantesco será ônus a ser suportado pela sociedade civil, que será sufocada diante da perspectiva de se encontrarem recursos para a gestão estatal. E o modo tradicional de aumentar recursos é a exploração de tributos progressivamente pesados.

Inicialmente, portanto, é relevante observar essa questão antes de aderir à proposta mais comum de certas correntes, que é a flexibilização das relações de trabalho.

No capítulo em que analisamos as relações de trabalho nos Estados Unidos e na China, pudemos concluir que ambos – somando-se ainda o Brasil – possuem demandas trabalhistas bastante semelhantes, apesar das diferenças quanto aos correspondentes estados evolutivos. As histórias se repetem: há exploração e necessidade de maior proteção aos trabalhadores, mas esse aspecto encontra raízes na própria formação da burguesia, independentemente das fronteiras a que esteja vinculada:

> (...) outro relevante movimento se instalava – a transferência das obrigações decorrentes do *status* para aqueles defluentes da livre contratação, um resultado de longo e aturado processo de mudança nas relações sociais e do modo produtivo. A propósito, Tigar e Levy afirmam:
>
> "Cabe citar, como contraste, as relações industriais trabalhistas do século XIX. O operário industrial alugava seu trabalho por dia, semana ou mês. O contrato inspirava-se nos termos usados pelos especialistas em direito civil, na tradição e terminologia do direito romano, o *locatio conductio operarum*: *locatio conductio* era o termo geral aplicado a um contrato bilateral de aluguel do poder de trabalho, exatamente como *emptio venditio* – literalmente compra-venda – era a designação geral de um contrato de venda. A conjugação de termos representava a natureza bilateral do acordo. O termo *operarum* significa 'do trabalho'. O operário industrial do século XIX não possuía ferramentas, dispondo apenas de seu trabalho, que 'alugava' a um preço combinado e de acordo com condições ajustadas. Renunciava, em benefício das regras vigentes na fábrica, à sua liberdade durante o período para o qual era contratado".
>
> Apresentam, tais autores, no trecho citado, os traços evolutivos do processo e a instauração subsequente, no século XX, do sistema industrial de produção do capitalismo avançado que acaba por coroar a dominação burguesa via a produção de leis laborais que fixam as condições gerais dos contratos particulares de trabalho e a criação de sindicatos que realizam a mediação entre os inconciliáveis interesses do capital e do trabalho (...)[292].

[292] Pugliesi, Márcio. Algumas considerações sobre o processo histórico da formação da burguesia. In: Gonzaga, Alvaro de Azevedo e Gonçalves, Antônio Baptista (coords.).

O trabalhador se converte em consumidor dos próprios produtos que fabrica, e em contribuinte do Estado, criando um movimento circular, que tem como alvo as mesmas pessoas, reservas financeiras e relações. Nesse encadeamento, flexibilizar demais as relações de trabalho talvez seja exatamente o ponto em que haverá maior fragilização das pessoas envolvidas, comprometendo o restante da cadeia.

No Brasil, há um movimento de aumento do empreendedorismo que talvez acene no sentido de valorizar o trabalho. Entre as "inovações" está a facilitação na formalização de empresas de pequeno porte e até a criação de pessoas jurídicas compostas por apenas um sócio, o que contraria o pensamento jurídico tradicional.

Tudo isso como tentativa de estimular o trabalho e o desenvolvimento econômico mais do que as velhas relações de emprego, estas sim desgastadas diante das novas realidades sociais.

Outro ponto fundamental: a volatilidade do capital globalizado não encontra limitações ideológicas no plano da política. Ele adere e participa de qualquer conformação política interna, seja de esquerda, seja de direita, desde que hábil a manter a possibilidade de altos índices de lucro. Esse ponto pode ser observado nas relações entre supostos governos de esquerda, por exemplo, no Brasil que dialogam e mantêm relações com conglomerados econômicos.

Nesse espeque, os constantes embates políticos entre a esquerda e a direita no Brasil parecem não observar o cerne da questão. O problema não está em pequenas políticas de incentivo a estes ou aqueles, mas, acima de tudo, a percepção de que há questões mais profundas que vão além da velha retórica *marxismo* x *liberalismo*.

A esquerda deve repensar suas fórmulas ultrapassadas de análise da economia, criando efetivamente espaço para a emancipação do homem. A direita, a seu turno, deve incluir a percepção de que o homem é o ponto fundamental das preocupações político-sociais, incluindo em sua pauta medidas afirmativas[293].

(Re)pensando o direito – Estudos em homenagem ao Prof. Cláudio de Cicco. São Paulo: Revista dos Tribunais, 2010. p. 201.

293 Veja-se, por exemplo, SAYEG, Ricardo; BALERA, Wagner. **O capitalismo humanista** – filosofia humanista de direito econômico. Petrópolis: Edição KBR, 2011; e RIBEIRO, Renato Janine. Uma política decente de direita. **Valor Econômico**. Disponível em: [http://www.valor.com.br/politica/3647144/uma-politica-decente-de-direita]. Acesso em 20 de agosto de 2014.

O País luta em um espaço bastante aberto de um planeta global e de forte concorrência entre nações, o que requer visão estratégica de longo prazo para perceber qual será o lugar do Brasil como *player*, se protagonista ou coadjuvante no cenário que teremos daqui a cinquenta ou sessenta anos[294].

[294] "O que se pode perceber, então, é que durante o período em que houve uma maior atuação deliberada do Estado no sentido de transformar as estruturas econômicas, políticas e sociais, com efetiva ampliação de direitos fundamentais e de políticas públicas implementadoras, parcial ou totalmente, destes direitos, a Constituição ficou à margem deste processo. Esta atuação estatal não se justificou pela estrutura ou pelo programa constitucional. Pelo contrário, conforme se radicaliza a direção inclusiva das políticas do Poder Executivo, como no período das 'Reformas de Base', mas o Texto Constitucional foi levantado pela doutrina constitucionalista e pelos setores políticos conservadores como obstáculo à ampliação da cidadania. Isto ocorreu até o momento em que não era mais suficiente, ou eficaz, o argumento jurídico-constitucional de bloqueio, e, em 1964, se apelou, então, para o golpe militar. A não concretização dos dispositivos sociais da Constituição de 1988, como suas disposições e políticas de distribuição de terras, reforma urbana e reforma agrária demonstra a permanência fática desta barreira político-ideológica. A prática política e o contexto social favorecem uma concretização restrita e excludente dos dispositivos constitucionais. O problema é que, não havendo concretização da Constituição enquanto mecanismo de orientação da sociedade, ela deixa de funcionar como documento legitimador do Estado. Na medida em que se amplia a falta de concretização constitucional, com as responsabilidades e respostas sempre transferidas para o futuro, intensifica-se o grau de desconfiança e descrédito no Estado, seja como poder político, ou como implementador de políticas públicas. O resultado da não realização das Reformas de Base e do descumprimento sistemático da Constituição de 1988 pode ser sintetizado na frase de Celso Furtado, pronunciada no final dos anos 1990: 'Em nenhum momento de nossa história foi tão grande a distância entre o que somos e o que esperávamos ser'.

As Reformas de Base continuam a ser o limite fático do nosso constitucionalismo democrático. Aparentemente, o preço a se pagar pela manutenção de nossa democracia formal é o constante adiamento da implementação das Reformas de Base. Parece haver a crença no meio político de que o governante que ousar tentar realizá-las talvez padeça do mesmo destino de João Goulart. Este receio não pode servir de justificativa para o adiamento perpétuo das Reformas de Base. Se elas são o limite de nosso constitucionalismo democrático, está mais do que na hora de ousarmos ir além destes limites.

Há 50 anos sabemos quais são as reformas necessárias para a transformação das estruturas econômicas e sociais do Brasil. Sabemos quais são as reformas necessárias para a superação do subdesenvolvimento, para, nas palavras de Celso Furtado, o término da construção da Nação. Não por acaso são as reformas que nunca foram realizadas. Incorporadas em boa parte ao Texto Constitucional de 1988, são bloqueadas de todas as maneiras, com ativa participação do Poder Judiciário neste bloqueio.

Sem mobilização social, é impossível resgatar o projeto nacional de desenvolvimento, interrompido em 1964 e nunca mais retomado. A previsão sombria de Francisco de Oliveira, em seu clássico *Crítica à Razão Dualista,* de 1972, parece ter se cumprido. Escreveu Chico de Oliveira à guisa de conclusão: 'Nenhum determinismo ideológico pode aventurar-se a prever o futuro, mas parece muito evidente que este está marcado pelos signos opostos do apartheid ou da revolução social'. A revolução não ocorreu, em compensação o *apartheid* social está cada vez mais forte.

Precisamos restituir a força constituinte ao texto da Constituição de 1988. Conseguir a concretização das políticas emancipatórias presentes na Constituição democrática de 1988 no Brasil não é uma reforma, mas uma verdadeira revolução.

Talvez, a melhor resposta às promessas constitucionais não realizadas seja a dada por Francisco de Oliveira, em seminário sobre os 40 anos da Sudene, em que tratou de outra promessa não cumprida pela Constituição de 1988, a da superação das desigualdades regionais: 'Mas é da nostalgia benjaminiana que se trata: o das oportunidades perdidas, do que poderia ter sido e que não foi, o da chance da história que passou e que não volta mais. (...) E lhe dizem que nunca houve a batalha fatal, que foi apenas um pesadelo, que a história é feita de derrotas e que a derrota das derrotas é essa celebração. Porque a celebração dos derrotados é a derrota dos vencedores. Porque a celebração dos derrotados vergasta a vitória dos vencedores com o amargor da incompletude, da falsificação, da desolação'.

Celebrar a derrota das Reformas de Base, 50 anos depois, assim como celebrar a derrota do projeto emancipatório de 1988, 25 anos depois, talvez seja a forma mais sensata e realista de lidar com estas efemérides. A democracia formal, aparentemente, está garantida, mas o potencial transformador e igualitário da Constituição de 1988 foi, por enquanto, derrotado. A história da ampliação da democracia formal para a democracia econômica e social no Brasil, assim como a história da superação do subdesenvolvimento brasileiro, como pretendiam as Reformas de Base, é, ainda, predominantemente, uma história de derrotas. Mas, de que vale lembrar e celebrar essas derrotas? A celebração da derrota nos mostra que, apesar de tudo, ainda é possível ir além. Até quando devemos celebrar esta derrota, só a História poderá dizer. E a História ainda não acabou.

Há 50 anos, nos privaram da democracia. Há 50 anos, roubaram o nosso país. Já está mais do que na hora de exigirmos que ele nos seja devolvido". Bercovici, Gilberto. Reformas de base e superação do subdesenvolvimento. **RT**, v. 942, p. 217. São Paulo: Revista dos Tribunais, abr. 2014.

CONCLUSÕES

Somente a democracia salvará o trabalho, pois, entre os sistemas políticos, a democracia é, ainda, o ambiente mais propício ao liberalismo econômico e ao capital globalizado. O princípio democrático garante no campo público o que na vida privada irá se traduzir em liberdade contratual e de aderência à empresa em sua conformação mais liberal, aspectos importantes para a entrada ou saída de grandes grupos econômicos de um país.

Esses pontos são fundamentais para própria revitalização do papel do Estado-Nação na atual conjuntura global. Ao mesmo tempo em que a condução central das questões econômicas parece ter se dirigido para as grandes corporações mundiais que realizam suas atividades e destinam seus capitais para as áreas de interesse no mundo, sem grandes dificuldades, ainda temos problemas que merecerão a atenção de autoridades públicas e governos locais. Estes devem perceber a velocidade das modificações que ocorrem no mundo, sob pena de verem suas populações alijadas do processo de inserção na globalização econômica.

Se democracia está relacionada diretamente com liberdade econômica, é certo, também, que não existe democracia em uma sociedade desigual e que retira do homem sua capacidade de trabalho. Assim, trabalho e democracia são dois elementos que andam lado a lado e representam o próprio caráter libertário da sociedade humana. Agregá-los é a única forma que temos de ser livres e ocasionar o pleno emprego.

Basta observar a história. Regimes totalitários como o nazismo e o fascismo encontraram fonte fecunda de atrelamento à legitimidade popular a partir de fortes crises sociais e de falta de trabalho que assolavam os respectivos países.

A xenofobia, ainda hoje, respira a questão da falta de trabalho, pois basta existir concorrência entre nacionais e estrangeiros por uma vaga de trabalho para que relações, antes cordiais, se convertam em guerra. Crises econômicas e desemprego fazem surgir movimentos neofascistas, mesmo em países que combateram governos autocráticos durante a 2ª Guerra Mundial.

Esse aspecto demonstra como a falta de perspectivas e de trabalho é prejudicial para o equilíbrio das relações humanas, de modo a afetar um valor extremamente importante para as relações humanas: o princípio democrático, base fundamental de toda tolerância que construímos ao longo dos séculos e vice e versa[295].

O desemprego em massa que pode acometer o mundo nos próximos séculos, por conta dos já citados avanços tecnológicos e da perspectiva de vida, pode influenciar e afetar diretamente a democracia, destruindo suas bases nos países em que ela já está efetivamente instituída, e a conversão daqueles países que ainda não a tem como sistema político.

O crescente desemprego assola o mundo. E segundo a Organização Internacional do Trabalho, 207 milhões de pessoas estarão desocupadas em 2022, tendo em vista que a taxa de desemprego continuará acima dos níveis pré-pandemia até 2023[296]. Nos países desenvolvidos são aproximadamente trinta milhões de desempregados e existem previsões de diminuição dos níveis de emprego, para os próximos anos nos Estados Unidos, Alemanha e Japão.

Destarte, os agregados a outros flagelados como refugiados, podemos perceber o tamanho da crise no sistema mundial com a segregação de milhões que vivem em estado de miséria, fome e exclusão social.

A perda do trabalho e sua precarização significa a deterioração das condições do indivíduo, com reflexos em toda sua família e de uma série de comunidades humanas que ficam alijadas completamente do

[295] Diversos movimentos sociais relevantes que surgem a partir da década de 1960 do século XX tem suas bases na crise econômica e na falta de empregos em países como EUA e Inglaterra. Veja-se: movimento punk, os skinheads, o próprio hooliganismo, dentre outros.

[296] Dados informados pela ONU. Disponível em: [https://news.un.org/pt/story/2022/01/1776612]. Acesso em: abr. 2022.

convívio social, uma vez que a exclusão não leva apenas à falta do mínimo existencial, mas interfere na rede de opções de vida do indivíduo, limitando suas possibilidades de desenvolvimento. Aquele que resta sem trabalho, resta também sem estima, marginalizado, estereotipado.

Os impactos da perda do emprego e da consequente exclusão social devem ser analisados e equacionados por um enfoque transdisciplinar e multidimensional. Enfrentamos os problemas em sua dimensão objetiva de desigualdade econômica e social; em sua dimensão ética de injustiça praticada contra os mais fracos, e em sua dimensão subjetiva dos sofrimentos infligidos, sobretudo a mulheres, crianças, idosos e inválidos.

Não há possibilidade de sobreviver em uma sociedade que nega a milhões de pessoas acesso ao trabalho e, consequentemente, ao consumo, à informação e à participação política. Passa a ser impossível manter direitos à cidadania sem um trabalho digno. Este ponto influencia decididamente no avanço da democracia.

Se democracia é participação política, é atividade diante da ordem política, de modo a alterar a realidade de vida, a falta de trabalho é fundamental para frear a participação na formação do interesse comum.

Mais do que isso, a manutenção das condições de vida da forma como as coisas estão limita também a participação efetiva daqueles que se mantêm empregados, pois o receio da desqualificação e deterioração das condições de trabalho faz com que a *ação* política do indivíduo, até em termos arendtianos, seja colocada em segundo plano em nome da necessidade de lutar desenfreadamente para manter-se no posto de trabalho.

Em outros termos, o desemprego corrente é responsável pela deterioração social e moral daqueles que mantém seus empregos. Há, efetivamente, participação democrática nesse contexto? A resposta é não.

Somente a assunção de um novo pacto de cidadania que favoreça o estabelecimento de novos postos de trabalho é capaz de alterar esse estado de coisas, e isso requer mudanças na política macroeconômica nacional com a percepção de aspectos dos direitos humanos nessa seara, com vista a dar efetividade à democracia constitucional.

REFERÊNCIAS

ABRAHAM, Henry. **The judiciary**: the Supreme Court in the governmental process. 10. ed. New York: New York University, 1996.

ALARCÓN, Pietro de Jesús Lora. Constituição, relações internacionais e prevalência dos direitos humanos. **Revista de Direito Constitucional e Internacional**, São Paulo, v. 57, out. 2006.

ALCOVER, Pilar Giménez. **El derecho en la teoría de la sociedad de Niklas Luhmann**. Barcelona: Bosch, 1993.

ALLARD, Gayle e GAROT, Marie-Jose. The impact of new labor law in China: new hiring strategies for foreign firms? **Revista de Direito GV**. São Paulo, jul./dez. 2010.

ALVES, Giovanni. **O novo (e precário) mundo do trabalho**: reestruturação produtiva e crise do capitalismo. São Paulo: Boitempo, 2000.

ALVES, José Carlos Moreira. **Direito romano**. Rio de Janeiro: Forense, 1978. v. 1.

ANDREFF, Wladimir. **Multinacionais globais**. Trad. Maria Leonor Loureiro. São Paulo: EDUSC, 2000.

ANTUNES, Ricardo. **Os sentidos do trabalho**. São Paulo: Boitempo, 1999.

ANTUNES, Ricardo; FILGUEIRAS, Vitor. Plataformas digitais, Uberização do trabalho e regulação no Capitalismo contemporâneo. Niterói: Contracampo, v. 39, n. 1, p. 27-43, abr./jul. 2020. Disponível em: https://periodicos.uff.br/contracampo/article/view/38901. Acesso em: 24 de nov. 2020.

ARAÚJO, Elisangela; GARCIA, Maria de Fátima, ARAÚJO, Eliane e CASTILHO, Mara Lucy. Emprego, salário e demanda agregada: análise teórica e evidências empíricas. Disponível em: [http://www.anpec.org.br/sul/2013/submissao/files_I/i6-3f37 1b07c2aef06250809723033fcd0a.pdf].

Araújo, Francisco. Imigração como vetor estratégico do desenvolvimento socioeconômico e institucional do Brasil. Rio de Janeiro: FGV, 2012. Disponível em https://fgvprojetos.fgv.br/publicacao/imigracao-como-vetor-estrategico-do-desenvolvimento-socioeconomico-e-institucional-do

Arrais Neto, Enéas de Araújo. A educação para uma sociedade de alta qualificação profissional. Os equívocos da busca de competitividade sob a nova divisão internacional do trabalho. In: Fidalgo, F., Machado, L. & Rummert, S. L. (orgs.). **Trabalho e crítica**: anuário do GT trabalho e educação/ANPED. Niterói: EDUFF, 1999.

________. **Trabalho, capital mundial e formação dos trabalhadores.** Fortaleza: Editora Senac, 2008.

Arrighi, Giovanni; Silver, Beverly J. **Caos e governabilidade no moderno sistema mundial**. Rio de Janeiro: Contraponto, 2001.

Avelãs Nunes, António José. O Estado capitalista. Mudar para permanecer igual a si próprio. In **Constituição e Estado Social**: os obstáculos à concretização da Constituição. São Paulo: RT/Coimbra, 2008.

Baker e Mckenzie. China employment law guide. Disponível em: [http://www.bakermckenzie.com/files/Uploads/Documents/North%20America/DoingBusinessGuide/Dallas/br_china_employmentlawguide_13.pdf]. Acesso em: 30 maio 2014.

Bauman, Zigmunt. **O mal-estar da pós-modernidade**. Rio de Janeiro: Jorge Zahar, 1998.

Ballam, Debora A. The law as a constitutive force for change, part II: The impact of the national labor relations act on the U.S. Labor movement. **American Business Law Jornal**, 32(3): 453-454.

Bercovici, Gilberto. Reformas de base e superação do subdesenvolvimento. **RT**, v. 942, p. 217. São Paulo: Revista dos Tribunais, abr. 2014.

Bernardo, João. **Transnacionalização do capital e fragmentação dos trabalhadores**: ainda há lugar para os sindicatos? São Paulo: Boitempo, 2000.

Bobbio, Norberto. **Dicionário de política**. 11. ed. Brasília: UnB, 1998.

Braga, Ruy. **A restauração do capital** – um estudo da crise contemporânea. São Paulo: Xamã, 1996.

Brown, Ronald C. China labor dispute resolution. Disponível em: [http://www.fljs.org/sites/www.fljs.org/files/publications/FLJ%2BS%20Brown%20pb_d.pdf]. Acesso em: 30 maio 2014.

BROWN, Ronald C. Understanding labor and employment law in China. Disponível em: [http://repository.law.umich.edu/ cgi/viewcontent.cgi?article=1128&context=law_econ_current]. Acesso em: 30 maio 2014.

CAMPILONGO, Celso Fernandes. **Interpretação do direito e movimentos sociais**. São Paulo: Elsevier, 2012.

________. **Direito e democracia**. 2. ed. São Paulo: Max Limonad, 2000.

________. **Política, sistema jurídico e decisão judicial**. São Paulo: Saraiva, 2011.

CANO, Wilson. **Reflexões sobre o Brasil e a nova (des)ordem internacional**. 4. ed. São Paulo: Unicamp, 1995.

CARVALHO, Alba Maria. Globalização em questão: subsídios para análise do mundo que vivemos. In: RIGOTTO, Raquel Maria. (org.). **As tramas da (in)sustentabilidade**: trabalho, meio ambiente e saúde no Ceará. Fortaleza: Inesp, 2001.

CASELLS, Manuel. **The rise of the network society** – the information age: economy, society and culture. Cambridge: Blackwell, 1999, v. I.

________________. **The power of identity** – the information age: economy, society and culture. Cambridge: Blackwell, 1997, v. II.

________________. **End of millennium** – the information age: economy, society and culture. Cambridge: Blackwell, 1998, v. III.

CASSAR, Vólia Bomfim. **Direito do Trabalho**. 9. ed. rev. e atual. Rio de Janeiro: Forense; São Paulo: Método, 2014.

CATHARINO, José Martins. **Neoliberalismo e sequela**. São Paulo: LTr, 1997.

CATTANI, Antonio David. **Trabalho e autonomia**. Petrópolis: Vozes, 1996.

CAVALCANTI ALVES, Ana Rodrigues. O conceito de hegemonia: de Gramsci a Laclau e Mouffe. **Lua Nova**, n. 80, São Paulo, 2010.

CHANG, Leslei T. **As garotas da fábrica**: da aldeia à cidade, numa China em transformação. Rio de Janeiro: Intrínseca, 2010.

CHINA. Law of the People's Republic of China on Employment Contracts. Disponível em: [http://www.npc.gov.cn/english npc/Law/2009-02/20/content_1471106.htm]. Acesso em: 30 julho 2014.

COLE, Charles D. *Stare decisis* na cultura jurídica dos Estados Unidos – O sistema de precedente vinculante do *common law*. **RT**, v. 752, São Paulo, jun. 1998.

CRETELLA JÚNIOR, José. **Curso de direito romano**. 6. ed. Rio de Janeiro: Forense, 1978.

CHESNAIS, François. **A mundialização do capital.** São Paulo: Xamã, 1996.

DAVID, René. **Os grandes sistemas do direito contemporâneo**. Trad. Hermínio A. Carvalho. 4. ed. São Paulo: Martins Fontes, 2002.

________. **O direito inglês**. 2. ed. São Paulo: Martins Fontes, 2006.

DIEGO, Enrique de. **Mileuristas**: los nuevos pobres. Madrid: Rambla Media Ediciones, 2008.

DREIFUSS, René Armand. **1964: a conquista do Estado** – ação política, poder e golpe de classe. Petrópolis: Vozes, 1981.

________. **A internacional capitalista**: estratégias e táticas do empresariado transnacional 1918-1986. Rio de Janeiro: Espaço e Tempo, 1986.

________. **O jogo da direita na nova República**. Petrópolis: Vozes, 1989.

________. **A época das perplexidades**. Mundialização, globalização e planetarização: novos Desafios. Petrópolis: Vozes, 1997.

________. Entrevista: globalização, mundialização & planetarização – Os códigos do admirável mundo novo. In: **Revista Rumos**, abril, 1996.

________. Globalização e opções políticas de desenvolvimento para o Brasil. **Cadernos Premissas**, n. 19-20, maio-nov. 1999a.

________. **Política, poder, Estado e força** – uma leitura de Weber. São Paulo: Vozes, 1993.

________. Tendências da globalização. **Revista Tempo Brasileiro**. Rio de Janeiro, n. 139, out.-dez. p. 97-172, 1999b.

________. **Transformações: matrizes do século XXI**. Petrópolis: Vozes, 2004.

DUPAS, Gilberto. **Ética e poder na sociedade da informação:** – de como a autonomia das novas tecnologias obriga a rever o mito do progresso. São Paulo: UNESP, 2000.

ESTULIN, Daniel. **A verdadeira história do clube bilderberg**. São Paulo: Planeta, 2005.

EUROPA. Parlamento europeu debate salários-mínimos da UE: entre os €92 e os €1570. [En línea. Acesso libre]. Bruxelas: Parlamento Europeu, 2007. <http://www.europarl.europa.eu/ sides/getDoc.do?language=PT&type=IM-PRESS&reference=20070913STO10373>. [noviembre de 2009].

EUROSTAT. Population and social conditions. Departamento Europeu de Estatísticas, 2009. Disponível em: [http://epp.euros tat.ec.europa.eu/portal/page/portal/product_details/publication?p_product_code=KS-QA-09-029].

________. Euro area unemployment rate at 11.5%. Departamento Europeu de Estatísticas, 2015. Disponível em: [http:// ec.europa.eu/eurostat/

documents/2995521/6454659/3-07012015-AP-EN.pdf/f4d2866e-0562-49f5-8f29-67e1be16f50a].

Faria, José Eduardo. **Direito e justiça no século XXI**: a crise da Justiça brasileira. Disponível em: [http://www.ces.uc.pt/di reitoXXI/comunic/JoseEduarFaria.pdf]. Acesso em: 20 set. 2013.

________. Vídeo disponível em: [https://www.youtube.com/ watch?v=YiPmiIhrOm4]. Acesso: 30 jul. 2014.

Ferguson. C. E. **Microeconomia.** 5. ed. Rio de Janeiro: Forense Universitária, 1982.

Ferraz Junior, Tercio Sampaio. "Mudança de rota – Jurisprudência passou a ter mais importância que a própria lei". Disponível em: [http:// www.conjur.com.br/2014-set-29/jurisprudencia-passou-importancia-propria-lei?utm_source=dlvr.it&utm_medium=facebook]. Acesso em: 05 out. 2014.

Figueiredo, Fábio Fonseca. Conjecturas sobre o desemprego a partir do desenvolvimento tecnológico na sociedade contemporânea. *Biblio 3W.* **Revista Bibliográfica de Geografia y Ciencias Sociales**, Universidad de Barcelona, v. XV, nº 878, 30 jun. 2010.

Fligstein, Neil; Zhang, Jianjun. A new agenda for research on the trajectory of Chinese capitalism. Management and organization review, v. 7, mar. 2011. Disponível em: [http://sociology.berkeley.edu/sites/default/files/faculty/fligstein/MOR%20paper%20on%20China.pdf]. Acesso: 30 jul. 2014.

Forkosch, Morris D. Union affairs. **Labor law**: a compilation of the Virginia Law Weekly Dicta, p. 23-33, 1950.

Friedman; Milton. **Capitalismo e liberdade**. São Paulo: Nova Cultural, 1988.

Furtado, Celso. **Em busca de um novo modelo**: reflexões sobre a crise contemporânea. 2. ed. São Paulo: Paz e Terra, 2002.

Gambaro, Carlos Maria. Globalização das economias: análise do pensamento de Guy Sormon. **Revista de Direito Constitucional e Internacional**, São Paulo, v. 33, out. 2000.

Gavras, Douglas. Investimento estrangeiro no Brasil dobra, mas fica abaixo do nível pré-Covid. *Vide* **Folha de S.Paulo**, 19 jan. 2022. Disponível em https://www1.folha.uol.com.br/mercado/2022/01/investimento-estrangeiro-no-brasil-dobra-mas-fica-baixo-do-nivel-pre-covid.shtml.

Giddens, Anthony. **No limite da racionalidade.** Tradução de Maria Beatriz de Medina. Rio de Janeiro: Editora Record, 2004.

______. **As consequências da modernidade**. Tradução de Raul Fiker. São Paulo: Unesp, 1991.

GILISSEN, John. **Introdução histórica ao direito**. Trad. António Manuel Hespanha. 2. ed. Lisboa: Fundação Calouste Gulbenkian, 1995.

GREENSPAN, Alan. **The age of turbulance**. New York: The Penguin Press, 2007.

HABERMAS, Jürgen. **Técnica e ciência como ideologia**. São Paulo: Nova Cultural, 1975. Coleção Os Pensadores.

HARVEY, David. **A produção capitalista do espaço**. São Paulo: Annablume, 2005.

HAYEK, Friedrich August von. **Direito, legislação e liberdade**. São Paulo: Visão, 1985.

HEILBRONER, Robert. **A história do pensamento econômico**. São Paulo: Nova Cultural, 1996. Coleção Os Economistas.

HOBSBAWM, Eric. **A era dos extremos**. Rio de Janeiro: Paz e Terra, 1999.

HUNT, James W. & STRONGIN, Patricia K. **The law of the workplace**: rights of employers and employees. 3. ed. Washington: The Bureau of National Affairs, 1994.

IGLESIAS, Juan. **Derecho romano**. 18. ed. Barcelona: Sello Editorial, 2010.

JALLES DE PAULA, Christiane. O Instituto de Pesquisa e Estudos Sociais – IPES. "A trajetória política de João Goulart". Disponível em: [http://cpdoc.fgv.br/producao/dossies/Jango/artigos/NaPresidenciaRepublica/O_Instituto_de_Pesquisa_e_Estudos_Sociais]. Acesso em: 12 nov. 2013.

KASER, Max. **Direito privado romano**. Lisboa: Calouste Gulbenkian, 1999.

KENNEDY, Paul M. **Preparando para o século XXI**. Rio de Janeiro: Campus, 1993.

KEYNES, John Maynard. **A teoria geral do emprego, do juro e da moeda**. São Paulo: Nova Cultural, 1996. Coleção Os Economistas.

KON, Anita. **Economia industrial**. Rio de Janeiro: Nobel, 2004.

KUHN, Thomas. S. **A estrutura das revoluções científicas**. 7. ed. São Paulo: Perspectiva, 2003.

KURZMAN, Charles; OWENS, Lynn. The Sociology of Intellectuals. **Annual Reviews of Sociology**, Chapel Hill, n. 28, p. 63-90, 2002.

LEAL, Victor Nunes. Passado e futuro da súmula do STF. São Paulo: Revista dos Tribunais, **RT**, v. 553, p. 287-299, nov. 1981.

LOPES, José Reinaldo de Lima. **O direito na história**. 2. ed. São Paulo: Max Limonad, 2002.

LORA ALARCÓN, Pietro de Jesús. Constituição, relações internacionais e prevalência dos direitos humanos. **Revista de Direito Constitucional e Internacional**, São Paulo, v. 57, out. 2006.

LUHMAN, Niklas. **El derecho de la sociedad**. Trad. Javier Torres Nafarrate. México: Universidad Ibero Americana, 2002 Colección Teoria Social.

__________. **Legitimação pelo procedimento**. Trad. Maria da Conceição Côrte Real. Coleção Pensamento Político. Brasília: UnB, 1980.

MACIEL, José Fabio Rodrigues e AGUIAR, Renan. **Manual de história do direito**. 9. ed. São Paulo: Saraiva, 2019.

MARINONI, Luiz Guilherme. **Precedentes obrigatórios**. 2. ed. São Paulo: Revista dos Tribunais, 2011.

________. A transformação do *civil law* e a oportunidade de um sistema precedentalista para o Brasil. **Cadernos Jurídicos da OAB-PR,** Curitiba, v. 03, p. 1- 3, jun. 2009.

MARX, Karl. **O capital**. São Paulo: Nova Cultural, 1996.

MASCARO, Alysson Leandro. **Filosofia do direito**. 5. ed. São Paulo: Atlas, 2016.

MATTOSO, Jorge. **O Brasil desempregado**: como foram destruídos mais de três milhões de empregos nos anos 90. São Paulo: Perseu Abramo, 2001. Coleção Brasil Urgente.

MAURO, Gilmar. **Capitalismo e luta política no Brasil**: na virada do milênio. São Paulo: Xamã, 2001.

________. **A desordem do trabalho**. Campinas: Scritta, 1995.

MAZZUOLI, Valerio de Oliveira & MASSA, Diego Luis Alonso. Análise da decisão "BG Group vs. República Argentina" proferida pela Suprema Corte dos Estados Unidos: todos os caminhos levam a Roma? **Revista de Direito Constitucional e Internacional**, ano 22, v. 88, São Paulo, jul./set. 2014, p. 211-237.

MENDES, João de Castro. **Direito comparado**. Lisboa: Associação Acadêmica da Faculdade de Direito de Lisboa, 1982-1983.

MONTORO, André Franco. **Introdução à ciência do direito**. 23. ed. São Paulo: Revista dos Tribunais, 1995.

MUSCARI, Marco Antonio Botto. **Súmula vinculante**. São Paulo: Juarez de Oliveira, 1999.

NATIONAL LABOR RELATIONS BOARD. Institucional. Disponível em: [http://www.nlrb.gov/nlrb/offices]. Acesso em: 18 out. 2006.

NOBRE JÚNIOR, Edilson Pereira. O direito processual brasileiro e o efeito vinculante das decisões dos tribunais superiores. São Paulo: Revista dos Tribunais. **RT** (785): 46-72, mar. de 2001.

OCTAVIANI, Alessandro. **Hegemonia e direito**: uma reconstrução do conceito de Gramsci. São Paulo: FFLH, 2005.

OFFE, Claus. Trabalho como categoria sociológica fundamental? In: OFFE, Claus (org.). **Trabalho e sociedade**: problemas estruturais e perspectivas para o futuro da sociedade do trabalho. Rio de Janeiro: Tempo Brasileiro, 1989. v. 1.

OIT. La globalización y el empleo en el sector informal en los países en desarrollo. Disponível em: [http://www.ilo.org/wcmsp5/groups/public/@dgreports/@dcomm/documents/publication/wcms_115088.pdf]. julho 2014. [http://www.oitbrasil.org.br/topic/employment/doc/oit_omc_116.pdf]. Maio de 2009.

POCHMANN, Márcio. **O emprego na globalização**: a nova divisão internacional do trabalho e os caminhos que o Brasil escolheu. São Paulo: Boitempo, 2001.

POLIDO, Fabrício Bertini Pasquot; RAMOS, Marcelo Maciel. Trabalho, do conceito ao direito: entre a China e o Ocidente. In POLIDO, Fabrício Bertini Pasquot; RAMOS, Marcelo Maciel (Coordenadores). **Direito chinês contemporâneo**. São Paulo: Almedina, 2015.

POVEDA VELASCO, Ignácio Maria. Direito, jurisprudência e justiça no pensamento clássico (greco-romano). **Revista da Faculdade de Direito da Universidade de São Paulo**. v. 101, p. 21-32. jan.-dez. 2006. Disponível em: [http://www.revistas.usp. br/rfdusp/article/viewFile/67697/70305].

PUGLIESI, Márcio. **Teoria do direito**. 2. ed. São Paulo: Saraiva, 2009.

_______. Algumas considerações sobre o processo histórico da formação da burguesia. In: GONZAGA, Álvaro de Azevedo e GONÇALVES, Antônio Baptista (coords.). **(Re)pensando o direito** – estudos em homenagem ao Prof. Cláudio de Cicco. São Paulo: Revista dos Tribunais, 2010.

REALE, Miguel. **Lições preliminares de direito**. São Paulo: Saraiva, 1996.

RIBEIRO, Renato Janine. Uma política decente de direita. **Valor Econômico**. Disponível em: [http://www.valor.com.br/politica/3647144/uma-poli tica-decente-de-direita]. Acesso em 20 de agosto de 2014.

RIFKIN, Jeremy. **O fim dos empregos**. São Paulo: Makron Books, 1995.

RÜSEN, Jörn. **Razão histórica**. Brasília: UnB, 2011. Coleção Teoria da história, v. 1.

SANTOS, Boaventura de Sousa. **Reinventar a democracia**. Lisboa: Gradiva, 1999.

SANTOS, Milton. **Por uma outra globalização**: do pensamento único à consciência universal. 5. ed. Rio de Janeiro: Record, 2001.

SAYEG, Ricardo; BALERA, Wagner. **O capitalismo humanista** - filosofia humanista de direito econômico. Petrópolis: Edição KBR, 2011.

SCHANDL, Franz. Da decomposição do trabalho. Disponível em: [http://www.krisis.org/2009/da-decomposicao-do-trabalho].

SCHELLER, Fernando. Com dívida de R$ 180 milhões, gráfica que imprimia Enem tem falência decretada. **O Estado de S.Paulo**, 4 abr. 2019. Disponível em https://economia.estadao.com.br/noticias/geral,com-divida-de-180-milhoes-grafica-que-imprimia-enem-tem-falencia-decretada,70002779606.

SCHMITT, Carl. **O *nomos* da terra** - no direito das gentes do *jus publicum europaeum*. São Paulo: Contraponto, 2014.

SILVA, José Anchieta da. **A súmula de efeito vinculante amplo no direito brasileiro**. Belo Horizonte: Del Rey, 1998.

SIMIONI, Fabiane. A livre circulação de pessoas na união europeia e a reunificação familiar: um estudo sobre políticas de controle migratório. **RIDB**, Ano 2 (2013), n. 13. Disponível em: [http://www.idb-fdul.com/uploaded/files/ 2013_13_15769_15814.pdf].

STRECK, Lenio e ABBOUD, Georges. **O que é isto**: O precedente judicial e as súmulas vinculantes? 2. ed. Porto Alegre: Livraria do Advogado, 2013.

TESSER, Ozir. Sobre o conceito de qualificação social. In: ARRAIS NETO, Enéas de Araújo; FERNANDES, Manuel José Pina e FELISMINO, Sandra Cordeiro (orgs.). **Trabalho e educação face à crise global do capital**. Fortaleza: EDUFC, 2002. Coleção Diálogos Intempestivos, n. 04.

TEUBNER, Günther. "Unitas multiplex": a organização do grupo de empresas como exemplo. **Revista Direito GV**, v. 1, n. 2, p. 77-110, jun./dez. 2005.

TUCCI, José Rogério Cruz e. **Precedente judicial como fonte do direito**. São Paulo: Revista dos Tribunais, 2004.

TUMA, Eduardo. **A tributação na perspectiva do estado neoliberal** - leitura da obra Law, Legislation and Liberty, de Friedrich August von Hayek. Mestrado, São Paulo, Pontifícia Universidade Católica, 2010.

US DEPARTMENT OF LABOR. Bureau of Labor Statistics. Disponível em: [http://www.bls.gov/cps/cps_htgm.htm].

VELLOSO, Carlos. O Judiciário e o efeito vinculante. **Folha de S.Paulo**. São Paulo, 4 ago. 1997, "Tendências e Debates", p. 3.

VIANA FILHO, Flávio. **A justiça na teoria dos sistemas autopoiéticos**. São Paulo, Universidade Presbiteriana Mackenzie, 2012.

VIEIRA, Liszt. **Cidadania e globalização**. Rio de Janeiro: Record, 1997.

WHITAKER FERREIRA, João Sette. **Os contrastes da mundialização** – a economia como instrumento de poder em um sistema internacional excludente. Dissertação de Mestrado, USP, 1997.

ZAFFARONI, Eugenio Raúl e PIERANGELI, José Henrique. **Manual de direito penal brasileiro** – parte geral. 6. ed. São Paulo: Revista dos Tribunais, 2006, v.1.

ZANETI JR., Hermes. **O valor vinculante dos precedentes**. Salvador: JusPodivm, 2015.

ZHENG, Aiqing. Direito do trabalho na China. In POLIDO, Fabrício Bertini Pasquot; RAMOS, Marcelo Maciel (Coordenadores). **Direito chinês contemporâneo**. São Paulo: Almedina, 2015.